生氣得剛剛好

與憤怒共處的正念練習

正念冥想資歷25年精神科醫師
藤井英雄 著
周奕君 譯

怒りにとらわれないマインドフルネス

不輸給雨
不輸給風
也不輸給雪和夏天的酷熱
擁有強健的身體
沒有欲望
絕不發怒
總是靜靜微笑著

——宮澤賢治〈不輸給雨〉

前言
運用正念，讓你擺脫「憤怒」，無往不利

宮澤賢治的〈不輸給雨〉是我非常喜歡的一首詩。無論遇到什麼困難，都能保有無畏的心與健康的身體。詩作中的「不發怒」，也就是我想在本書談的「擺脫憤怒」，而且不只是不受怒氣所囿，還能時時帶著溫柔的微笑。

我們都想具有柔軟且堅定的意志、遭遇任何事都不為所動的心，以及對需要幫助的人伸出援手的仁慈心……實際上卻：

- 容易情緒化
- 常常衝動行事
- 會突然想起什麼而變得很焦慮

・長時間處在煩躁的情緒中
・對什麼都不滿意，不停發牢騷

當然，誰都不想生氣。然而，生活中有太多事困擾著我們，而且從不多給我們一些喘息的時間。於是，儘管想著「我不想傷害任何人」「我根本不想生氣」，但還是會忍不住發脾氣，隨後感到沮喪且懊悔不已。即使努力壓抑憤怒，卻總是忍不住爆發出來。

另一方面，我們也常抱怨「為什麼他／她不站在我的立場想」「為什麼他／她不懂我想表達的意思」。滿腹委曲在內心騷動不已，反而讓我們擺出和消極埋怨截然相反的強硬姿態去傷害別人。

然而，每一次生氣最傷的其實是自己。我們的憤怒傷害了別人，這個力道也回過頭來傷害了自己。內心的傷口每每在癒合前，又會被新的憤怒所扯開。

很多人為了避免這種狀況，試圖尋找「不發怒的方法」，例如讀心理勵志書、改變生活作息，或是深呼吸來平緩情緒等。可是這麼做也不可能完全不生氣。

接下來我會向各位說明，其實生氣說到底是一種自我防衛機制，我們不可能完全不生氣。因此，最重要的不是否定憤怒的情緒，而是有效地控制它。

「正念」，讓怒氣轉化成力量

該怎麼做才能有效控制怒氣？我一直以來都擔任著精神科醫師，關注並照護人們的心理，與此同時我也冥想，我持續這個習慣已有四十年。當我受憤怒情緒所左右，並陷入自我厭惡的狀態，就會透過冥想的正念練習，來緩解難以抒發的情緒。

所謂正念，指的是不掩飾且客觀看待自己「此時此刻」存在的各種負面思考，藉以有效釋放負面情感的方法。正念起源於釋迦牟尼的頓悟，在佛教中有坐禪和冥想等形式。近年來則成為一流企業都在用的最新心理療法。

很多人開始受到正念影響，但也有很多人「用正念緩解怒氣後，很快又發了脾氣，因而煩躁不已」。

要割除憤怒這種情感非常困難，要客觀看待它更不容易。因為當我們陷入憤怒情緒，很容易忘記覺察自我。即使藉由正念釋放憤怒，卻常因再度感受到原以為放下的憤怒而焦慮，並將憤怒發洩在他人身上。

憤怒不同於悲傷、恐懼這類情感。如果不先認知到這點，就無法真正管理憤怒。說到管理憤怒，技巧很重要，但更重要的是認清憤怒的源頭。關於這點，在第一章會有完整的說明。

對許多人而言，撫平當下突如其來的怒氣也很重要。如果想了解如何與當下的憤怒共處，立即排解這些情緒，請參考第二章。本章會針對「正念究竟是什麼」，做出進一步的說明。

第三章會帶各位認識憤怒是一種情感能量的流動，同時幫助各位將來自「悲傷」和「恐懼」的憤怒，昇華為「喜悅」或「寬容・愛・仁慈」等情感。

第四章則會教各位如何在憤怒時轉為正念狀態，並將內心真實的想法坦率傳達給對方。

第五章會具體學習到如何不捲入對方的憤怒中，並嘗試聆聽對方的憤怒。

第六章將以實際案例為基礎，告訴各位在淡化憤怒的源頭後，如何更好地運用正念，將情感提升到喜悅與愛等更高的層次。

最後在第七章中，希望多加練習正念的讀者，不妨試著寫下你的「憤怒日記」，讓你更客觀地直視自身的憤怒。

每次聽到冥想，各位是否就覺得實行的門檻很高、不可能做得到？但其實，**正念可以在日常生活中輕鬆實踐，而且一天只要花十秒鐘。**

各章簡介

「人為什麼會生氣？」 認識怒氣形成的原因。	第一章
「正念到底是什麼？」 了解撫平當下突如其來怒氣的方法。	第二章
「總是氣很久」「一想起來就不開心」 學習排解這類怒氣的方法。	第三章
了解不傷害對方、 又能讓對方理解自己的方法。	第四章
學習和易怒的人 順利打交道的方法。	第五章
以案例形式 理解實踐正念的方法。	第六章
寫下自己會對哪些事生氣， 有助釐清自己的憤怒模式。	第七章

本書的目的是帶領各位運用正念，將「憤怒」轉化為「寬容」與「喜悅」等正向情感。讓我們開始不發怒的第一步吧。

藤井英雄

第一章

雖然不想生氣，卻還是生氣了

第二章

凝視自我 最真實的憤怒

第三章

認識真正的憤怒，並消除它

第四章

遠離憤怒，傳達心意

第七章 記錄「憤怒日記」

第　一　章

雖然不想生氣，
卻還是生氣了

了解身體的構造，
是知道自己為什麼發怒
最有效也最快速的方法。

「憤怒」是什麼？

一聽到憤怒，你會聯想到什麼？

- 面紅耳赤
- 大聲斥責
- 情緒化
- 不理性
- 失敗
- 後悔、懺悔
- 動粗與受傷
- 突發犯罪的誘因

無論哪一種，都是不太好的印象對吧。很多人因為生氣而破壞了人際關係，也許正在閱讀本書的你正是其中一位苦主。這時，有些人很可能會痛下決心「以後絕不再亂發脾氣」。

可是決心很快就被拋在腦後，那個容易在瞬間理智斷線的你，又會再度任憑怒氣擺布。隨後你看著眼前被自己情緒傷到的人，一股強烈的後悔湧上心頭。

另一方面，憤怒時的身體也會出現變化，例如滿臉通紅、血壓上升、心跳加快、口乾舌燥、肌肉緊繃、身體顫抖、腦袋一片空白等。

憤怒指的是交感神經處在過度興奮的狀態。交感神經和副交感神經彼此交替協調時，自律神經就能維持正常運作。如果交感神經太活躍，保持身體放鬆的副交感神經就會變得低下。當我們感到焦慮或緊張，大腦分泌的腎上腺素和去甲基腎上腺素會讓我們保持在興奮的狀態。也可以說，憤怒對身體而言，是一種不同於平時的緊急狀態。

小結語

憤怒所導致的身體變化
並不尋常。

「憤怒」是來自本能的呼喚

身體因憤怒所產生的變化被視為一種人類身上殘存的本能。

當敵人出現在眼前，我們為了生存會選擇正面迎敵或溜之大吉，又或是立即做出避免受傷的防禦準備。無論採取何種因應態度，此時身體都會讓人們處在能充分發揮全身肌肉力量的狀態。

一般來說，面對危險的敵人時，身體表現於外的反應可能是「反擊、逃跑或僵住不動」。

其中最危險的情況，就是因恐懼而導致身體癱軟無力、心理畏縮不前。一旦被恐懼感吞噬，就只能任憑敵人宰割。若換作是大自然中的其他動物，或許早就被天敵吃掉了。

另一方面，正如俗話所說「狗急跳牆，困獸猶鬥」，即使眼前是可怕的敵人，被追趕到走投無路時，也很可能在情急下反咬回去。這就是反擊。

現代人仍殘留這樣的古老本能。當敵人出現，交感神經會變得活躍，並開始分泌腎上腺素。這是一種戰鬥的準備，也是憤怒的本質。

小結語

憤怒是現代人不知如何面對的殘存本能。

憤怒本來是有好處的

當眼前有個要奪去你重要寶物的敵人，或是有個正朝你齜牙咧嘴、作勢開咬的大狗接近，從內心升起的怒氣及體內伴隨分泌的腎上腺素，在這些場合是有幫助的。更重要的是，憤怒能幫助你在這些感到壓力或緊張的情況下，情緒變得平穩、安定下來。**然而，憤怒作為一種保護自己的情緒，為何讓現代人備感苦惱？**

其實腎上腺素有優點也有缺點。優點就如前面提到，它能在危機關頭立刻對人產生幫助，缺點則是功效只限於短時間之內。因此，若長時間處在讓身體緊繃的憤怒狀態，可能會面臨血壓上升、腦血管病變、心肌梗塞、免疫力低下、血糖升高和糖尿病、胃潰瘍等各種疾病。

因此要注意的是，一旦眼前的敵人或危機消失，就要把自己從原本的緊繃狀態釋放出來。「被人說成那樣，真不甘心，下次決不善罷干休！」像這樣無法忘懷過去的憤怒，並把憤怒延續到日後的生活，會嚴重危害身心健康。憤怒原本是保護自己生命的機制，若反倒讓自己的生命受其危害，豈不本末倒置了嗎？

小結語

我們必須善於駕馭自己的憤怒。

人不可能不生氣

話說回來，現代人到底為什麼會生氣？不發怒這件事，不應該如此令人苦惱。

不管是誰，都擁有能充實自己人生、並因此感到豐足快樂的事物，包括生命、金錢與財富、地位、名譽、名聲、時間、自由、自尊心（自我肯定感）、悠閒感、戀愛關係、成就感等。然而，人們也可能失去這些事物，於是開始感受到失去的恐懼、悲傷、不愉快與憤怒。只要現代人仍處在為了維持生命、身體發展的競爭關係中，就很難避開這些內心的情緒。生命中，沒有什麼比趨利避害更重要的事。

遇到所追求的美好事物即將被奪走時，為了「不讓對方這樣做」或「不讓這種事情發生」，人們會挺身反抗，內心同時抱著「竟然這樣對待我」的怨恨，甚至湧起報復的念頭。當壞事驟然降臨或被迫強加於自己頭上，人們也會感到憤怒不已。

為了保護自己，人們不可能不生氣。

然而，過度受憤怒擺布不僅會傷害別人，對自己也是一種折磨。而要人們不生氣，又無異是緣木求魚。畢竟人生中一定會遇到不好的或對自己有危害的事物。因此，與其拚命遠離憤怒，不如思考該如何正視、面對憤怒。

小結語

不是要你「不生氣」，
重點是應該怎麼生氣。

憤怒是「當下」的情感

人們面對美好的事物被奪走或壞事臨頭時，怒氣便會油然而生。正因如此，我們可以把生氣視為一種「當下」發生的情感。請各位試著想像以下的情況：敵人就在眼前，打算搶走你生命中最重要的事物。此時的你是什麼感覺？在你內心奔騰的情感不就是「憤怒」嗎？**所謂憤怒，正是那一瞬間所萌發的情感。**

在我實際診療過的患者當中，大多數形諸於外的怒氣也都是來自「當下」的情感。也就是「現在、這個瞬間」所感受到的憤怒。

然而，人們也會因為過去的事而生氣。「那時被說成那樣，氣死我了！」雖然事情已經過去了，卻還是對當時生氣的事記憶猶新。那是因為，人們仍將過去那件事擺在「當下」來看待。

「下次再讓我遇到，一定要嗆回去！」像這樣耿耿於懷且愈想愈氣，正是來自你「當下」腦海中的想法。

總是把過去的經驗和對未來的胡思亂想放在「當下」來生氣，對我們的心理健康絕不是好事。

小結語

憤怒不存在於過去或未來的想像，
而是當下的真實情感。

悲傷會轉變成憤怒

當生命中的重要事物遭到剝奪，甚至演變成無可挽回的情況，人們的內心會產生怎樣的情感？

失去所愛之人、事業受挫以致破產、發生不名譽的事而聲名掃地、生了一場重病後失去健康的身體等情況，都會讓人陷入澈底的絕望，並沉浸在深切的悲傷中。

一旦陷入悲傷的情緒，人們容易覺得自己的存在很渺小，同時感到孤單且無所依憑。此時的情感不是「憤怒」，而是「悲傷」。**如果說憤怒是「當下」產生的情感，悲傷就是面向過去的情感。**

但是，人們也會對那些已經失去的事物感到憤怒。相較於總是沉浸在悲傷、感到卑微，不如對什麼生點氣來強化自己的存在感。有時就算眼前沒有具體可供生氣的對象，連神明都可能被端出來咒罵。

「我的事業會失敗都是那傢伙的錯！」
「為什麼拋棄我去那傢伙的身邊？」
「神明啊……為什麼我這麼倒楣呢！」

比起會讓人消沉不已的悲傷，發脾氣反倒能讓人湧現活力。**這就是來自悲傷的憤怒。**

小結語

悲傷的情緒會轉以憤怒的形式誕生。

恐懼會轉變成憤怒

如果說生氣是「當下」的情感、悲傷是過去的情感，那麼面對未來的情感就是「恐懼」。「好像會失敗」「投資可能會失利」「也許會被打」「如果失去重要的人怎麼辦」……人們常對未來陷入焦慮，產生害怕、沒有安全感等情緒。像這種對於尚未發生的事所懷抱的惶恐不安，是大多數人都會有的恐懼感。恐懼就是一種想像著未來時會出現的情感。

例如夫妻吵架時，丈夫如果吵不過妻子就會開始惱羞成怒。一開始在立場或實力就落下風的人也是，一旦陷入不利的立場，內心的恐懼會轉變成憤怒，試圖藉此擺脫窘境。很類似我們常聽到的狗急跳牆。

電視節目中被惡搞欺騙的名人知道真相後會立刻發火，也是因為他們的恐懼和不安轉變成了憤怒。

被恐懼綁架或沉浸在悲傷中時，都會讓人覺得自己是微小、脆弱的存在。反過來看，由悲傷或恐懼而生的憤怒，會讓自己感覺更強大。

渺小的自己和巨大的自己，脆弱的自己和強悍的自己，哪一個自己會讓你感到舒服自在？**人們為了讓自己處在自我感覺良好的狀態，常會將內心的悲傷和恐懼外顯為憤怒。**那些頻繁可見的怒氣，正是由一次情感所衍生出的二次情感。

小結語

為了保護自己，
恐懼會轉變成憤怒。

為什麼憤怒總來找麻煩？

一直以來，人們研究出各式各樣控制憤怒的方法。人會發脾氣，和交感神經處在緊張狀態以及腎上腺素的分泌有關。因此可以藉由減緩交感神經運作、增進副交感神經活動，來緩解怒氣。

例如做「深呼吸」或「腹式呼吸」。生氣時，呼吸會加快、變淺，有時還會停止。因此，只要留意不讓呼吸中斷，同時緩緩大口呼吸，就能抑制、平衡交感神經運作，並撫平怒氣。

此外，交感神經長期處在興奮狀態，會導致身體肌肉過度緊繃，不妨適度做拉筋或伸展運動，讓心情保持放鬆安定。可是，這樣真的就能有效釋放憤怒嗎？相信大多數人都有這樣的經驗：以為深呼吸幾次或做伸展後就能消氣，結果沒多久脾氣又上來了。

同樣一件事，無論想幾次都還是令人牙癢癢的！人會生氣都是有原因的，如果不能找出原因並解決它，我們永遠無法擺脫怒氣。

還有一個很棘手的問題：「憤怒會產生快感，還會成為習慣。」

也許有人對於「生氣會產生快感」這件事感到懷疑，那麼請試著想像一下人們憤怒時的模樣。

那些燃起怒火的人們有如暴君，一副任誰都無法違抗的氣勢。當遭受這波怒火波及的人一時間未能表達異議或反抗，那些大動肝火的人們就會以為自己才是掌控局面的主角。當然，這都是當事人過度扭曲且片面的理解。不過對於自我肯定感薄弱的人來說，「掌控局面」的狀態會帶來快感，而快感容易成癮，這就是為什麼憤怒容易上癮的原因。

不斷捲土重來的憤怒，其實就來自這樣的惡性循環。

小結語

有些人是因為想生氣而生氣。

隱藏在憤怒之下的是自身的弱點

所有情感中，最難對付的就是憤怒。因為其根本原因來自脆弱的自我肯定感。

自我肯定感低的人容易受傷，也比一般人更容易產生「悲傷」「恐懼」等負面情感。也正是脆弱的自我肯定感所衍生的悲傷與恐懼，導致人們憤怒。

此外，自我肯定感薄弱的人通常認為自己的存在卑微渺小，而藉由生氣就能展露強大的存在感。事實上那只是一種錯覺。然而對容易自卑的人來說，這種瞬間變強大的方法無疑擁有令人著迷的快感。

老是提出無理要求的難纏奧客、因處在弱勢而遭到職場霸凌或精神暴力的人、小時候順從父母到了青春期卻處處反抗的孩子、會在酒後說出平常說不出口的話的人等，自我肯定感都很低。

現在我們知道脆弱的自我肯定感是憤怒的源頭，接下來，我將帶領各位運用正念來提升自我肯定感，有效釋放憤怒。

小結語

將那些用來填補自身弱點的憤怒畫下句點。

十秒投資，讓憤怒消失

有一種說法是，人的怒氣最多只能維持六秒。因此普遍認為，憤怒時默數六秒有助緩和情緒。事實上，這類研究或觀點非常多，其中最重要的一點是：「我們憤怒的時間並不會維持太久。」據說腎上腺素在體內引發的激動情緒要六秒才會平復，而我認為這六秒毋寧與正念更息息相關。

所謂正念，是一種藉由客觀看待「當下」現實來療癒情感、具有強大成效的方法。至於如何實行，我會在下一章向各位詳盡說明。當我們將身心停留在正念的狀態，就能客觀審視自身的憤怒情緒，迅速冷靜下來。

為了能在憤怒的狀態下默數六秒，一定要練習客觀審視原本憤怒的自己。也就是說，如果在覺察到憤怒的同時沒有進行正念，可能連默數這件事都不會記得吧。

覺察到怒氣並默數六秒的期間，即是正念進行的過程。這也類似做深呼吸或轉身離開現場等因應憤怒情緒的方式。因此憤怒時，可以藉由默數六秒、做深呼吸、離開現場來練習正念。

我在之前的著作《一天十秒正念練習》（1日10秒マインドフルネス，大和書房）中，向讀者推廣每日十秒正念練習。目的是為了把我們內心轉瞬失去的覺察力，藉由這十秒有意識地持續下去，進而掌控怒氣。

我們在生氣時，儘管內心覺察到「現在，我在生氣」，可是這股覺察力很快就會消失，憤怒也會再度湧現。為了避免老是反復生氣，十秒正念練習是很有效的方法，**不僅可以掌控憤怒情緒，還能在這十秒強化正念訓練，實在是一舉兩得。**

小結語

因為這十秒，
正念才能發揮絕大的成效。

第 二 章

凝視自我最真實的憤怒

因憤怒傷害周遭的人之前，
先以正念訓練來平復自己。

正念是什麼？

透過正念，可以讓我們客觀、全面地審視並釋放自己「當下」內心所萌生的負面情感。正念來自佛陀由頓悟而生的佛教教義，並隨著冥想和坐禪傳達給世人。我希望能將這樣的思考與行動帶入更多人的生活中。接下來就開始介紹正念吧。

正念的要領，就是對「當下」的覺察。我們可以這樣定義正念：「即時、客觀地覺察此時此刻的現實。」

「此時此刻的現實」指的是什麼？例如當我們凝視眼前的事物，「自己正在凝視眼前的事物」就是現實。而即時覺察是指覺知到「自己此時此刻正在凝視這個事物」。至於客觀覺察，則是指不摻雜「喜歡或討厭、覺得好看或醜陋」等價值判斷所覺知到的事物。

讓我們進一步思考。當我們看到地上有亂丟的垃圾，是否會忍不住說：「好髒啊！是哪個傢伙在這裡亂丟垃圾？」像這樣做出價值判斷，同時湧出厭惡的情緒？

在這種情況下，可以換個方式來思考：「我正在指責丟垃圾的人啊！」不帶任何價值判斷、客觀審視做出價值判斷的自己本身，此時自己的思考就回到正念上。

更進一步來看以下的例子：「雖然在練習正念，看到這種人還是忍不住想罵，我這樣真的很糟糕。」

若是這種情況，我們則可以這樣想：「原來如此，我正在自我嫌惡啊！」同樣去客觀審視摻雜自己價值判斷的思考，此時就又回到了正念上。

回到正念說起來簡單，但是看到垃圾後湧起「是哪個傢伙在這裡亂丟垃圾？」想法的瞬間，內心就會被「自己又分心了」的自我嫌惡感盤據，最終陷入無法覺察

「當下」的「失念」（Mindlessness）狀態，也就是失去「當下」的專注覺察並陷入價值判斷的狀態。

小結語

首先，即時、客觀地覺察「當下」的自己。

沒有正念，就無法放下憤怒

各位必須先理解到，失念並不都是壞事。當我們在做一些具有累積和意義性的事情，即使沒有刻意覺察「當下」也沒關係。

例如專心念書時赫然驚覺三個小時過去了，或是全神貫注欣賞感人的電影時不自覺落淚，這些狀況都不會降低我們的自我肯定感。

可是，如果總是受到悲傷、恐懼或生氣等負面情緒影響，讓思考陷入失念的狀態，就會逐漸削弱自我肯定感。

另一方面，正念也不見得就是好的。例如看到垃圾遭隨手棄置的瞬間就忍不住罵「好髒」，是再自然不過的想法。

然而，如果我們開始思考「不能這樣想」或是「不能怪別人」，只會讓人生的「禁止令」變得愈來愈多，而這些累積在心上、否定自己的「禁止令」正是形成低度自我肯定感的最大因素。

所謂正念，並不是要各位否定當下的自己。不管此刻內心在想什麼，不妨就抱著「原來是這樣想的」「原來有這種感覺」的想法去理解、審視就好，進而讓困擾自己的負面思考或負面情緒失去影響力。「儘管生了氣，但在覺察的瞬間，原本發怒的自己卻冷靜了下來」，像這樣從生氣到不生氣，無論是誰都做得到。

「反復來報到的負面情緒，讓自我肯定感走下坡」

看到垃圾就覺得很髒，是人類的一種自身防衛機制，要讓腦中停止冒出這類想法實在很難，真的不這樣想的人或許才有問題。畢竟我們無可避免地具有感知危險的本能。

但離開現場後，若還一直想著「垃圾真髒」，就是一件毫無意義的事。此外，腦中不斷盤桓著「到底是誰丟的？」「唉，我又生氣了」等批判自己和別人的念頭時，也會降低我們的自我肯定感。

也許各位會覺得不要一直想不就好了？然而，如果轉而去想哪些是對自己有害的思考，以及如何節制並規避它，又會換成這些在腦中揮之不去。

而且，處在失念狀態時，完全不會考慮到不要想這件事。「原來如此，就不要想吧」，像這樣的覺察只會發生在進行正念的時候。在無法覺察時，連行動和思考都是不自由的。

這種反芻式的思考會滲透我們的潛意識，同時強化、鞏固批評他人與自我嫌惡的傾向，導致我們的自我肯定感愈來愈低。

小結語

正念能讓你和
負面思考一刀兩斷。

自我肯定感愈低的人愈不容易覺察

不論是來自外界的壓力還是心理壓力，本質上都是因無心而生的負面思考。負面思考會滲透人們的潛意識，一點一滴削弱自我肯定感。為了避免發生這種情況，我們最好盡可能採取正向思考。

可是，能在外界壓力及心理壓力下保持正向思考的人，多半具有高度自我肯定感。相較之下，自我肯定感低的人難以正向思考。**自我肯定感低的人往往無法承受外界壓力及心理壓力，且容易出現負面思考。**

自我肯定感低的人很容易陷入思考的負面螺旋：負面思考→於是缺乏自我肯定→因此思考變得愈來愈負面→對自己更加沒自信……像這樣無止盡的惡性循環。

相反地，自我肯定感高的人則傾向正向思考，因此鞏固了內心的自我肯定感，思考也更正向，最後累積出更強大的自我肯定感。

自我肯定感高的人會逐漸產生更強的自我肯定感，這樣的人生想必很棒吧！而對於自我肯定感低的人來說，自我肯定感只會變得愈來愈低，活得也愈來愈累。那麼要如何讓自我肯定感低的人逐步加強內心的自我肯定感？

此時就是正念上場的最好時機。正念的作用不是讓內心的負面思考一口氣變成正向思考，而是先試著讓朝負面傾斜的思考回到中性、不帶成見或情緒的位置，再緩緩讓思考朝正向前進。

如前面提到的，正念指的是客觀地覺察。因此正向思考本身並不是正念。正念能擊破並釋放負面能量的連鎖反應，讓思考返回中性的立場。各位不妨嘗試看看，讓自己藉由正念保持這樣的思考，甚至進一步開啟少有的正向思考。

對於自我肯定感低的人來說，正念非常適合用於提升自我肯定感。

小結語

正念是提升自我肯定感的關鍵。

每個人都能擁有珍貴的瞬間

正念是即時、客觀地覺察當下所發生的現實。當看到遭任意棄置的垃圾就大聲斥責「很髒耶，是誰丟的」，對於這樣的自己，我們在覺察的同時，藉由客觀審視這股突來乍到的情感，即內心湧現的怒氣，可以讓這類負面能量失去作用。

但是，好不容易開啟的正念也可能在轉瞬間消失得無影無蹤。也就是說，不僅回到失念狀態，同時失去了難得出現的覺察，此時情緒也回來了：「還是很不爽！」一面又想著：「啊，我又在負面思考了……」於是，再度陷入另一種負面思考的情緒中。

我們無法憑自我的意志讓自己從失念轉換到正念狀態。當我們內心失去覺察而躁動不已，就算想著：「再這樣煩下去，我的胃都要穿孔了。接下來就來進行正念吧！」也很難立即做到。因此，與其想著「來進行正念吧！」不如說正念在我們想到時就已經開啟了。正念往往在我們不經意時來到。

正念有兩個缺點。第一，「無法持久」；第二，「總是偶然造訪」。

我們無法靠自身的意志產生正念，加上好不容易造訪的正念也待不久。因此，為了讓正念能持續存在於我們的日常生活中，需要盡量滿足兩個條件：

首先是，**增加正念偶然造訪的頻率**。再者，**確實把握正念來到的時機**。

小結語

絕不錯失正念的時機。

來個深呼吸，世界大不同

失去正念的內心會同時失去對「當下」的思考，就像行走在虛擬的世界一樣。特別是自我肯定感低的人，不僅會反復進行負面思考，也很容易掉入負面情緒的漩渦中。

有時會不斷想起過去的事並懊悔不已，接著又對未來感到焦慮不安。

- 常常渴望得到自己身旁沒有的事物
- 老是覺得別人怎麼做會比較好
- 周遭環境如果變得怎樣會更好

一旦腦中出現這些想法，心中的不滿也會節節高升。面對再小的事情，都很容易陷入不安或煩躁的情緒中。

如前面所說，我們在憤怒的當下能否覺察並開啟正念，都是在那偶然的瞬間，這是因為我們無法憑藉自身的意志來切換失念到正念狀態。但是，我們可以藉由某些方法提升偶然的次數，那就是冥想。冥想是將「當下」與內心聯繫起來的一種基礎練習。

我們身處在生活的外界壓力和情緒的內在壓力之下，要從許多困惑且複雜的情感中去覺察自身的思考與情感並不是一件容易的事。因此在這之前，我們可以先利用每一天的冥想，作為覺察日常思考與情感的基礎練習。那麼，就先從呼吸的冥想體驗開始吧。

Mini Lesson

開始冥想吧

首先決定要專注的冥想對象，各位可以順著呼吸時身體的律動探索看看。吸氣時腹部凸起（腹式呼吸），或是肋骨上提外擴（胸式呼吸），無論是哪一種呼吸法，只要能讓你覺得舒服都可以。這裡以腹式呼吸進行解說。

接下來開始冥想。此時可以先在心裡給自己一小段話，提供冥想的專注力。例如「接下來要開始冥想了」，或是更簡單的「開始了」「GO」等，這麼做的用意是要自己明確意識到此時已開啟了冥想。

吸氣和吐氣都使用鼻子。或是用鼻子吸氣、嘴巴吐氣也行。

緩緩吐氣。請覺察吐氣時逐漸凹陷的腹部，感覺腹部的律動。吐完氣後，在內心把逐漸凹陷的腹部畫面想像成具體的場景，像開直播一樣。

吸氣時，覺察腹部從收縮到凸起的瞬間。請仔細感受那瞬間。也可以在吸氣前就進行覺察，更澈底感受腹部凸起的過程。凸起得差不多之後，同時在內心想像腹部凸起的畫面。

隨即又迎來吐氣時腹部凹陷的瞬間，也就是吸氣和吐氣的轉換點。請仔細感受那瞬間。此時也同樣在內心開始想像逐漸凹陷的腹部。

當我們專注在腹部的起伏，內心的「凸起」和「凹陷」畫面會變得清晰，其他思緒則會逐漸模糊起來。但如果過程中注意力被打斷，雜念也會隨之而生：

- 好累啊
- 過幾分鐘了
- 家人差不多要回來了
- 有點餓了

・今天的簡報就從那個角度切入吧

這些都是雜念。雜念的產生源自於我們失去對冥想對象的專注，以致成為失念狀態。而正在胡思亂想的自己無法意識到這些，必須在覺察的瞬間，才能再度返回正念。

由於正念是對「當下」的覺察，因此我們在冥想中對腹部起伏的覺察就是正念，產生雜念時則是失念，而正在胡思亂想的自己突然覺察的瞬間又是正念。

冥想練習的要訣是，當我們處在覺察的狀態，不要轉移到下一個思考，而是立刻將注意力回到呼吸上。也就是說，這時必須客觀審視「雜念」本身，然後放下，隨即將注意力繼續放在呼吸上。於是很快地，我們將能再度緩緩吸氣、呼氣，專注在「凸起」和「凹陷」的冥想中。

但是人的注意力不容易持久，大約三十秒又會再回到失念狀態，開始思考各種瑣事。因此要等到下一次覺察，再接著重複前面的步驟。

「冥想注意事項」

◎冥想過程中，或坐或站都行

躺著也可以，但有可能會睡著，請務必留意。順帶一提，冥想是對「當下」的覺察，因此冥想過程中不可以睡著。

試著輕鬆地伸展並放鬆背部肌肉，也轉動一下肩膀和頭部。

阻斷視覺的干擾有助把注意力聚焦在腹部，冥想時不妨把眼睛閉起來。但如果你是閉上眼睛容易打瞌睡或睡著的人，建議不要閉眼，直接冥想。

◎冥想結束後要注意的事

冥想時，身體的副交感神經會處在優勢地位，讓人感到放鬆，血壓也會下降。因此如果冥想一結束就立刻起身，有可能發生跌倒等有危險性的意外狀況。不妨在起身前稍微動動手腳、刺激交感神經運作。

◎冥想中出現雜念絕對不是壞事

人是一種會想個不停的生物，即便冥想時也不例外。充斥腦中的雜念看似會阻礙冥想，其實無須擔心。因為冥想就是一種藉由覺察來客觀審視雜念，進而放下的基礎練習，毋寧說覺察雜念在冥想中十分重要。

冥想過程中，我們練習覺察雜念，在內心把雜念場景化並客觀審視，最後讓注意力回到冥想對象身上。這將幫助我們在日常生活中承受憤怒、悲傷、恐懼等各種情緒，迎向那偶然且幸運回過神、開啟正念的瞬間。

真正重要的三秒鐘

負面思考的連鎖反應會互相影響，甚至緊密相連，因此必須盡早分階段地斷除這種負面連鎖。例如家門口遭人丟棄滿地的垃圾時，會忍不住想「好髒」「真討厭」「怎麼會這樣」，隨即引發怒氣：「到底是誰幹的？」因此，問題在於要從哪個階段開始覺察，以開啟正念。

但是，無論從哪個階段進行覺察，正念能持續的時間還是很有限，甚至只在短短的一瞬間。有時可能短到沒發現自己在覺察，就已回到了失念且情緒不佳的狀態。這段過程最多也不過三秒而已。

因此，為了強化、固定、維持這個只能偶然且短暫造訪的客人，各位必須知道一個重要的小技巧——「正念三秒法則」。

步驟很簡單。在三秒內，於心中具體想像自己正在思考與感覺的事情。

- 如果覺得「好髒」，就想像「覺得好髒」的畫面
- 如果覺得「真討厭」，就想像「覺得真討厭」的畫面
- 如果在想「到底是誰幹的」，就想像「在想到底是誰幹的」的畫面

只要這麼做，就能強化、固定、維持總在短短一瞬間即消失無蹤的正念，同時更能客觀審視自身。抑或是僅僅在冒出「到底是誰幹的」的念頭瞬間，加入「我在想」幾個字，就能產生效果。若能客觀審視自己的想法，就能輕鬆淨化、放下負面情感。

要注意的是，為了有效應用「正念三秒法則」以面對來自外界和心理的壓力，一定要先熟悉作為正念基礎練習的冥想。也就是說，在冥想中對於內心各種雜念的

覺察、客觀審視自身後放下斷念，都是提升我們「覺察自我」與「客觀審視自我」能力的必要練習。因此請務必每天進行冥想。

小結語

利用短短的三秒鐘，強化內心正念。

十秒正念冥想

讓正念愈來愈上手的祕訣，就是每天不間斷地進行正念。也就是說，每天冥想就是讓自己更熟悉正念的祕訣。只是，對現代人來說，每天能花三十分到一小時冥想的人實在很少。

最好的狀況，自然是無論如何都盡可能每天挪出時間來冥想。可是這對許多人來說難度大幅增加，而若太過勉強，也違背了正念及冥想的本意。

試著讓冥想成為難度如刷牙般的例行事項就好，但要確保自己能跨過十秒的最低正念時間。

請各位用意志力，讓原本在轉瞬間消失的正念持續十秒。為讓自己對「當下」

的覺察能持續十秒，可以按以下三個步驟進行：

1 開始的宣言

透過啟動冥想的宣言，讓自己明確意識到把注意力集中在「當下」。用「開始」「ＧＯ」「來囉」等都行。

2 持續十秒感受「當下」

由於只有十秒，因此並不是長時間冥想那種擺脫雜念的練習，而是讓心記住持續正念的感覺。

具體去感受「當下」，並在內心將其意象化，形成場景。如果是握住了某個東西，那麼請試著感受所握住的東西，並在內心想像「感受」和「握著」的場景。如果是轉動肩膀，則在內心想像「自己轉動肩膀」的場景。

3 結束的宣言

結束的宣言可以是「完成」「結束了」，或者「我活在當下」「擁抱正念生活」等個人化且具激勵性的宣言。最後稍微活動一下手腳，或做點伸展操，都有不錯的效果。

十秒正念冥想所花時間很短，對許多人來說很容易執行。開始和結束的宣言可以在心中默唸，不會打擾到旁人，很適合在工作閒暇或其他休息時間進行。

小結語

利用閒暇時間來點冥想。

放下憤怒的十三個正念冥想

人類所有的行為都能有意識地進行。因此，我們可以將外部行為在內心意象化，並客觀審視這些行為。無論做什麼，都可以應用前面提到的十秒正念冥想。接下來要向各位介紹幾個能有效撫平並放下憤怒的方法。

生氣時，體內會釋放腎上腺素，導致交感神經活動旺盛。因此，如果能藉由刺激副交感神經，來緩解受憤怒影響而緊繃的身體反應，就能達到讓自己放鬆且冷靜下來的效果。

1 緩緩平穩地呼吸
十秒後又是個新世界

呼吸可代表一個人的心理狀態。悲傷時會嘆息；緊張或恐懼時會屏住呼吸，或是像要停止呼吸般短淺地呼吸；生氣時，呼吸就像煉鐵的風箱，急促且粗重；至於放鬆時，呼吸會變得平穩有節奏。讓我們一起透過調整呼吸，讓心也放鬆下來吧。

1 開始的宣言

用「開始」「GO」「來囉」作為宣言。

2 用十秒鐘感受「當下」

有意識地緩緩呼吸，並將注意力放在因呼吸而起伏的腹部或胸部上。要特別留意的是，我們要專注的不是呼吸這件事，而是因呼吸而起伏的身體。關注身體，更能讓人投入感受「當下」。這個方法的作用和長時間冥想有同樣的效果。

感受腹部起伏的同時，深深吸入清爽的空氣，接著可以感謝自己將呼吸和身體配合得很好，並在內心轉換成具體的畫面來冥想，這樣也能帶來一點樂趣。

最後，愉快的十秒鐘過去了，如果覺得還不夠，不妨繼續進行。

3 結束的宣言

最後可以用「完成」「結束了」等作為結束的宣言。我則是會說「謝謝」。

2 抬起眉毛
展現明朗的表情

情緒低落或沮喪時，很容易露出眉頭緊蹙、一臉凝重的表情。然而我們只需做個小動作，就能舒展深鎖的眉頭與心境。在覺察時抬起眉毛，此時皺紋是不是從眉間移到額頭了？眉間舒展了，心思也將暫時從煩惱中轉移。不妨試試看抬起眉毛的冥想吧。

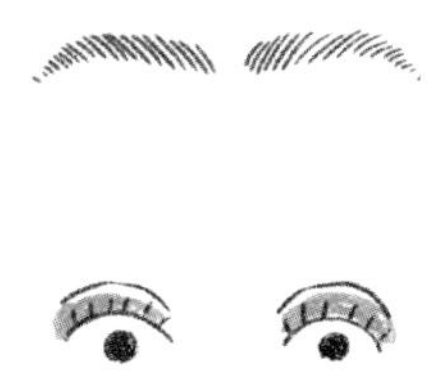

1 開始的宣言

用「開始」「GO」「來囉」作為宣言，或是「抬眉囉」也可以。

2 用十秒鐘感受「當下」

當然，也是有意識地把注意力集中在抬起眉毛上，由於要在內心意象化的場景範圍較小，可以同時想像兩邊的眉毛。此外要注意，不要過度緊繃或用力，只要輕輕抬起眉毛就好。相信各位可以在這逗趣的過程中產生愉悅的感受。

3 結束的宣言

可以用「完成」「結束了」或是「啊，真開心」等作為結束的宣言。

3 張開嘴巴
有意識地擺脫怒氣沖沖的形象

生氣時的表情都差不多是一副咬牙切齒的模樣。人們在大口咀嚼撕咬食物時，也很接近生氣的表情。兩者的共通點就是嘴巴周圍都很用力。相反地，生氣的人幾乎不會出現像在發呆般微張嘴巴的表情。因此，生氣時不妨有意識地微微張開嘴巴吧。

1 開始的宣言

用「開始」「GO」「來囉」，或是「張嘴囉」作為宣言，帶著些微喜感地開始，可以讓心境更平和。

2 用十秒鐘感受「當下」

下巴放鬆，慢慢張開嘴巴。把注意力集中在下巴，或是想像自己以俯瞰視角（由上朝下約四十五度）來觀察正微微張嘴的自己也可以。

3 結束的宣言

可以用「完成」「結束了」作為結束的宣言。

4 嘴角上揚
快速提升幸福感

感到痛苦或難受時，有些人會透過微笑讓心情變得愉悅。我也贊成這個做法。然而要注意的是，這並非意味著要壓抑內心的憤怒與悲傷，壓抑只不過是把問題擱置，讓問題變得更複雜，甚至惡化。

因此，我們只需要做一件事，就是露出正念的微笑。當覺察到內心的憤怒或悲傷，暫且不帶批判與雜念地將嘴角上揚。並不是因為快樂而露出燦爛的笑容，而是平靜且不帶情緒地微笑。微笑的嘴型出來了，內心的微笑也將隨之而生。

1 開始的宣言

用「開始」「GO」「來囉」，或是「抬起嘴角囉」，有意識地宣布冥想開始，會讓冥想的效果倍增。

2 用十秒鐘感受「當下」

配合平穩的呼吸，緩緩揚起嘴角。順帶一提，若臉頰四周的肌肉也向上提，效果會更好。同樣地，有意識地在內心想像嘴巴和臉頰周圍的移動。嘴角上揚的過程中，留意不要因此打斷呼吸的節奏。

3 結束的宣言

用「完成」「結束了」作為結束的宣言，或是帶著激勵口吻對自己說：「做得很好！」不妨隨著當下心情來決定結束的宣言，在正念冥想之後，無論如何收尾都會讓人很愉快。

5 平穩地發出聲音
形成有餘裕且舒服的節奏感

情緒急躁或感到焦慮不安時，說話速度是不是會變得愈來愈快呢？為了讓別人了解自己的不滿與難受，連說話聲音都變大聲了，結果反而無法獲得理解，因此沉默下來。

不妨試著保持專注，並以平穩的聲音說話。聲音的節奏就是內心的節奏，就讓情緒隨著聲音的節奏平靜下來吧。

1 開始的宣言

用「開始」「GO」「來囉」，或是「抬起嘴角囉」宣布冥想開始。

2 用十秒鐘感受「當下」

把手放在肚子上，快速吸一口氣（一秒）。接著緩緩地以固定節奏發出聲音：「啊～啊～啊～啊～啊～啊～啊～」（七～八秒）

有意識地在內心想像張嘴發聲，或是從嘴巴或喉嚨發出聲音的樣子。

3 結束的宣言

用「完成」「結束了」作為結束的宣言。

在這裡補充說明。如果是為了提振精神或想利用憤怒的能量，盡情大喊也能發揮作用。例如拳擊手在比賽前會向對手挑釁；芭蕾舞、排球等團體競賽中隊員會圍成圓圈來互相激勵打氣等，都能達到類似的效果。

接下來是一些應用的例子。我們可以在發出聲音的同時，「哈～～」像這樣吐出一口氣，也能達到效果。處在失念狀態時會嘆氣，處在正念狀態時則是深呼吸。

6 放鬆肩膀

像畫畫一樣的放鬆體驗

生氣時，全身肌肉會不自覺用力，這也是人們要準備戰鬥或逃跑時的本能。緊繃的肌肉也比較能忍耐疼痛，因此一旦放鬆緊繃的肌肉，緊張的情緒與怒氣也將獲得舒緩。

1 開始的宣言

用「開始」「GO」「來囉」，或不妨試試看「放鬆肩膀」。意識更專注於肩膀上時，效果會更好。

2 用十秒鐘感受「當下」

把注意力集中在左肩或右肩上，如果同時注意左右兩肩，意識反而不容易集中。動作則是左右兩肩同時進行較能保持平衡。

剛開始的一～兩秒，吸氣並有意識地抬高肩膀。確認肩膀已經抬高之後，緩緩吐氣，然後放鬆並垂下肩膀。可以在垂下肩膀時稍微轉頭，讓意識更容易集中在這個動作上。

3 結束的宣言

垂下肩膀之後，用「完成」「結束了」作為結束的宣言。不妨讚美一下方才正在專注覺察身體與內心的自己，同時給自己一個微笑。

要注意的是，放鬆身體和心裡頭想著「放鬆」這兩種情況並不一樣。在開始的宣言中想著「放鬆肩膀」時，也要將注意力移向肩膀，去感受肩膀的放鬆。

但是不需要讓自己一直在放鬆的念頭上打轉，這樣不僅會讓訓練達不到效果，還可能會導致失念。這個練習和每一種「十秒正念冥想訓練」是一樣的。

7 打開手，扳扳手指
讓心靈伸展起來

當人們欲攻擊別人，手會忍不住握成拳頭狀。若有意識地鬆開握緊的手，在身體語言上就表示願意接受對方。然後可以更進一步把雙手的指頭向外打開伸展，原本的煩躁或怒氣也將消失無蹤。

1 開始的宣言

用「開始」「GO」「來囉」宣布冥想開始。

2 用十秒鐘感受「當下」

張開雙手，試著扳扳手指。慣用手為右手的人可以用左手扳右手指，慣用手為左手的人則可以用右手扳左手指，並把注意力放在扳手指的動作上。一般來說，使用慣用手會比較自然，但若能有意識地不使用慣用手，反而更能培養感受力與覺察力。

3 結束的宣言

在說「完成」「結束了」之前，確認呼吸是否有中斷的情況。專注和緊張不一樣，人們在緊張時會不自覺摒住呼吸。這也可以作為覺察身體在用力與放鬆之間的一種練習。

8 做腳趾屈伸運動
控制無意識的行為

這個練習和扳手指有相同效果。我們感到緊張時，會不自覺曲起雙腳的腳趾頭。這種腳趾運動不管是站著做還是坐著做，都不容易被人察覺，就算穿鞋子也可以做。透過練習，我們能運動到平常少用到的肌肉，例如促進小腿的血液循環，或是有效消除腳腫脹等問題。

1 開始的宣言

用「開始」「GO」「來囉」宣布冥想開始，然後慢慢把心思集中在「此時此刻」。

2 用十秒鐘感受「當下」

兩腳可以同時進行，把注意力放在左腳或右腳都可以。屈伸腳趾的過程中不要中斷呼吸。接著可以慢慢感受到腳趾四周僵硬的肌肉獲得舒緩、血液循環變好。

3 結束的宣言

以「完成」「結束了」作為結束的宣言。

腳趾運動也可以換成用腳踝練習，效果也很好。你是否會下意識地蹺腳呢？可以把不自覺蹺起來的腳踝時不時動個兩～三次。別人看起來就只是腳在動，其實是能讓自己冷靜下來的一種正念練習。

9 喝水
把雜念一起喝光光

感到憤怒時，交感神經作用活躍，導致唾液停止分泌，因此會覺得口乾舌燥，不妨喝水來潤潤喉。

這也是來自中醫的概念。思緒雜亂時，會打亂體內的氣血和水分循環。從中醫的角度來看，健康的祕訣就是保持體內氣血和水分的暢通與循環。因此情緒波動時，可以藉由喝水來促進體內水分流動，讓情緒平靜下來。

1 開始的宣言

用「開始」「GO」「來囉」，或是「喝水了」宣布冥想開始。可以在說「喝水了」的時候，把注意力專注在杯子裡的水或拿著杯子的手，有助於集中心神。喝水的同時，要避免去想其他煩惱的事情。

2 用十秒鐘感受「當下」

喝水時，不要咕嚕咕嚕一口氣喝完，而是暫時把水含在嘴裡，把注意力放在嘴巴裡的水。試著感受水分潤濕舌頭與口腔的感覺。

3 結束的宣言

十秒之後，就可以喝掉含在嘴巴裡的水。然後用「完成」「結束了」作為結束的宣言，或是小聲說「謝謝」，感謝水維持我們的生命，也謝謝它讓我們的身心放鬆下來。

10 改變重心
不一樣的角度有助打開視野

我們滿懷憤怒用言語攻擊對手時，身體會呈現出撲向對方的姿態，重心不自覺前傾。相反地，如果遇到令人恐懼的事物，身體則會往後退縮。當我們內心平靜、身體感到放鬆，身體的重心就會維持在正中央。因此，我們可以藉由有意識地改變身體位置來調整內心狀態。

開始練習之前，請先將雙腳打開與肩同寬，然後雙腳分別往前後稍微打開，膝蓋略彎曲，保持輕鬆的站立姿勢。

1 開始的宣言

用「開始」「GO」「來囉」宣布冥想開始。

2 用十秒鐘感受「當下」

首先，感受雙腳前後站立時的重心。

五秒之後，慢慢把身體重心前傾，前腳的大腿肌肉會變得稍微緊繃，將這個感受在內心意象化。此時，後腳跟會略為抬起，離開地面。

再過了五秒，慢慢把身體重心後傾，感覺像要把前腳抬離地面。有在練空手道的人，不妨想像是呈現貓足立（虛步）的模樣。要注意的是，要覺察的部位不是腳踝，而是後腳大腿的緊繃處。

3 結束的宣言

用「完成」「結束了」作為結束的宣言。身體重心從前到後，最後返回正中央，此時不妨覺察內心的狀態，也許會有些不同的感受。

11 慢慢走路
別再總是慌慌張張

焦慮時，體內的交感神經會變得活躍，動作也會不自覺加快，造成動作過大或不夠小心。放鬆時恰好相反，動作會變慢且顯得自在。這個練習是讓容易因焦慮而快步走路的人，有意識地放慢腳步。

1 開始的宣言

用「開始」「GO」「來囉」，或是「慢慢走」在內心宣布冥想開始。

2 用十秒鐘感受「當下」

試著放寬心悠閒散步，有意識地讓自己輕鬆走路。擺出一副好整以暇地走路姿態，連心情都能愉快起來。

在慢慢走路的過程中，如果腦中冒出「可能會來不及」的擔憂，也是不錯的練習主題。試著將「擔心可能來不及」的念頭在內心意像化，只要十秒，「可能會趕不上或來不及」的念頭就會消失。

3 結束的宣言

用「完成」「結束了」作為結束的宣言。

和一開始比起來，是不是放鬆許多了呢？接下來依照自己的步調走路就好。

順帶一提，想要打起精神時，可以用一分鐘走一二〇步的速度俐落地行走，以提高血清素的分泌，讓自己恢復活力。

12 跳躍
讓身體和心情都輕快起來

欣喜若狂時，人是不是會變得活蹦亂跳呢？因此反過來說，當我們活蹦亂跳，就不容易陷入沮喪和低落的情緒中。

1 一開始的宣言

用「開始」「GO」「來囉」，或是「想跳起來」等都可以。

2 用十秒鐘感受「當下」

請跳躍五～六次。

在腦海中想像著跳起來的自己，也可以透過鏡子或玻璃窗觀看自己。

3 結束的宣言

用「完成！」「結束了！」等充滿活力的話來宣布練習結束。

13 雙手相互擊掌與握拳
一人飾兩角才會察覺到的事

感到愉快時，如果能和夥伴好友擊掌同歡會更開心。當順利完成任務，人們會興致昂揚地歡呼：「我做到了！」還會振奮地握起拳頭做出勝利的姿勢。「擊掌」與「握拳」和前面的「跳躍」一樣，不同於一般冥想的放鬆模式，而是藉由刺激交感神經運作來提振精神，而且不需用到十秒，只要一～兩秒就能獲得不錯的效果。

或許有人會想，勝利姿勢一個人就能做，但擊掌得要兩個人才行。不過實際上一個人也可以擊掌。不妨想像眼前有某個人和你一起說「耶～」，然後伸手相互擊掌吧！

1 開始的宣言

用「開始」「GO」「來囉」宣布開始。

2 用十秒鐘感受「當下」

一邊說「成功了～」「耶～」並在內心想像自己做出勝利姿勢或擊掌。不用反復很多次，只做一次反倒可以加深印象，效果更好。

3 結束的宣言

用「完成！」「結束了！」或「超棒的！」等活力充沛的話來宣布練習結束。

也許在練習的過程中，各位會覺得自己好像笨蛋。其實只要想著自己正在有意識地覺察原本沒意識到的事就好了。同時，這也是進行正念的好時機。不妨將「覺得自己好像笨蛋」的想法和情緒在內心轉化為實際畫面，展開一場正念練習吧。

以上就是十三個放下憤怒的十秒正念冥想練習。這些練習不只是帶我們體驗正念，將正念內化於日常生活中，還幫助我們與憤怒好好相處，並放下憤怒。各位不妨為了那些可能生氣的時刻，先預作準備吧。

你知道憤怒真正的原因嗎？

事實上，要透過正念來客觀審視自身的憤怒是相當困難的事。畢竟憤怒是一種極為強烈的情感，意識很容易受影響而難以客觀看待。同時，憤怒也很容易成為一種習慣。

如果你看見家門前面有垃圾，心想「不過就是包垃圾」，嘴邊叨唸個幾句後就把垃圾拿去丟掉，隨即忘得一乾二淨。這樣的話，正念對你就是有效的。

如果你才剛透過正念釋放怒氣，沒多久又大動肝火：「誰故意在我家前面亂丟垃圾？要是讓我發現……」就會再度掉入被害者情境。正念雖能暫時緩解你的怒氣，然而你反復發怒的根本原因其實來自你過去及潛意識中的自我肯定感，因此僅僅透過正念，並無法順利擺脫頻繁發怒的情況。

此時我們要做的不是壓抑怒氣、勉強自己正向思考，也不是咬牙忍耐一切。

無法擺脫情緒低落的原因

如同第一章所說，憤怒是二次情感，在憤怒之前還有悲傷或恐懼等一次情感。因此如果只客觀審視二次情感的憤怒，並不能真正解決問題。也就是說，當我們即使透過正念客觀審視憤怒也無法獲得成效，就必須去解決一次情感帶來的問題。反過來說，如果僅僅正視自身的憤怒，卻壓抑一次情感的源頭問題，只會繼續拉長自己悲傷或恐懼的時間，無法解決任何問題。

舉例來說，被公司同事或上司否定工作能力時，就算是有高度自我肯定感和責任感的人，內心也會感到低落或沮喪。身體不適、睡眠不足或被時間追著跑時，無論是誰都容易陷入低潮。

但是，這些情況並不是悲傷或恐懼的根本原因。當我們覺察到自己的情緒，並在內心想像「我覺得好沮喪！」的畫面，情緒應該能稍微獲得緩解，或是想著「哎，人生總有低潮的時候」，就不會為先前的失誤太過自責。

可是，那些自我肯定感低下、時常負面思考並自我厭惡的人總是會哀聲嘆氣地覺得：「唉，我好糟，可能不適合做這份工作吧，同事一定覺得我笨手笨腳！」此時，就算在內心想像「我覺得好沮喪！」的模樣，也無法有效緩和情緒。

因此，本章的目的在於引導讀者熟悉並建立起正念的習慣。下一章則將關注在攸關自我肯定感、情感層次較複雜的憤怒上，帶領各位掌握情感的流動，同時將憤怒轉化為關懷與寬容。可以幫助我們達到成效的武器有兩種：正念和陰陽五行論。

小結語

讓「正念」和「陰陽五行論」這兩種武器幫我們找出憤怒的原因。

第 三 章

認識真正的憤怒，並消除它

透過陰陽五行論
讓憤怒的負面螺旋消失

反復循環的「五種情感」

人類擁有各種情感，如憤怒、悲傷、不安、恐懼、喜悅、同情、嫉妒、憎恨。這當中有正面的情感，也有負面的情感。這些情感其實也代表著某種形式的能量，這些能量會驅使人們行動。由此可知，情感也像能量一樣會流動，如同「破涕為笑」這句成語，我們不會一直停留在某種情感當中。

將情感的流動視為能量的流動，這樣想對我們很有幫助。在東方，古人會從陰陽五行來思考，萬物皆能分成陰陽兩極，並以五種性質（木・火・土・金・水）進行分類，而人的情感也能以五行來分類。

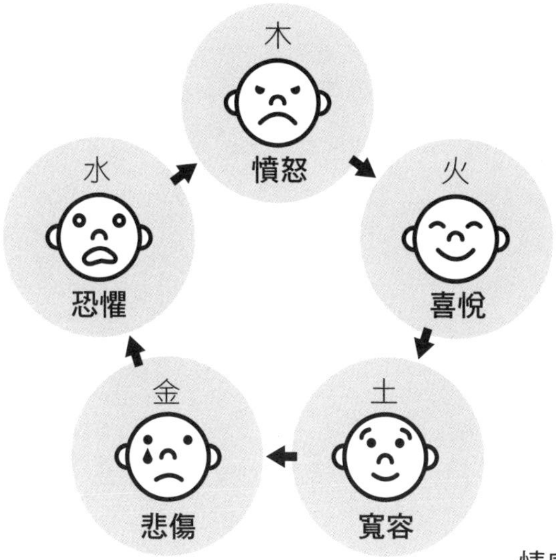

情感的五行圖

木　憤怒
火　喜悅
土　寬容
金　悲傷
水　恐懼

五行是以木、火、土、金、水的順序流動，也就是木（憤怒）↓火（喜悅）↓土（寬容）↓金（悲傷）↓水（恐懼）。不過這並不表示到水就結束了，而是繼續以木（憤怒）↓火（喜悅）↓……依次流動。可以參考上方的圖片。

圖片中清楚表明了金（悲傷）↓水（恐懼）↓木（憤怒）↓火（喜悅）↓土（寬容）的順序，前一個五行或情感元素為下一個的能量來源。換句話說，情感的流動法則就是前一個元素驅動下一個誕生。

因此，喜悅的能量會轉化成寬容的能量，寬容的能量會轉化成悲傷的能量，悲傷的能量會轉化成恐懼的能量，恐懼的能量會轉化成憤怒的能量，情感就這樣依序流動著。接下來，我會詳細解說這五種情感以及它們彼此間的關聯。

小結語

情感是循環流動的，而且彼此間互有關聯。

情感的週期

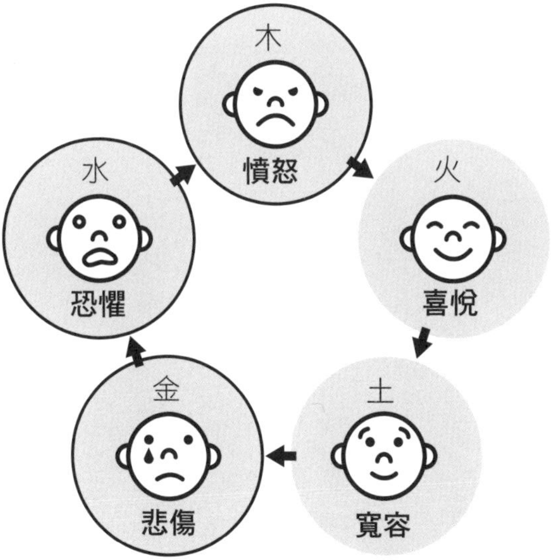

以金→水→木的順序前進

憤怒的根本原因大部分來自我們所面臨的悲傷與恐懼。請參考上方圖片。在陰陽五行論中，悲傷會生出恐懼，恐懼會生出憤怒。然而我們首先要了解的是——悲傷生出恐懼到底是怎麼回事。

請試著想像一塊置於低溫環境中、表層凝結出水滴的金屬。在這個情況下，水的生成來自金屬。

所謂悲傷，是失去自己珍視事物所衍生的情感。失去一次後，也許會再失去更多。即使只失去一樣事物，卻會開始擔憂未來可能失去的事物，因此，失去的悲傷會逐漸湧現出恐懼。**於是，來自悲傷的恐懼就此產生。**

接下來請想像由恐懼生出憤怒的過程。

樹木吸收土壤中的水分成長，水就是生命之源。

失去一次後感到悲傷，並開始對失去感到恐懼。為什麼會失去人生中所有珍視的事物？這是誰造成的？一想到此，就會覺得自己懦弱又微不足道。此時情感開始轉移，為了保護自己所珍視的事物不被奪走，我們必須做好戰鬥準備，展現強大的自己。

例如遭上司批評不斷而感到焦慮又沮喪的下屬。

今天被唸沒用，隔天又被指正缺失，無論是誰都會感到羞恥，甚至是恐懼。雖然上司的指責能促使自己成長，但某一天再也忍受不了，於是脫口說出：「偶爾一次也好，為什麼不相信我？」遭斥責而悲傷的心情不久將轉成恐懼，最終化為憤怒釋放出來。

小結語

悲傷將轉變成憤怒。

認識原始情感

在此將繼續討論前面提到的下屬，看看在他身上到底發生了什麼事？我們以A來代稱那位下屬，深入探索他的內心世界吧。

A童年時，母親就以嚴厲的態度對待他。因此，A逐漸恐懼失敗，以及隨之而來的責罵，也不願去挑戰嶄新或困難的事情。其實A很害怕，如果努力挑戰了還是失敗該怎麼辦，並為此深深感到不安，以致無論做什麼都畏首畏尾且容易失敗，最終引來一頓斥責。**在這種情況下，A變得愈來愈害怕去挑戰嶄新或困難的事情。**

另一方面，A的母親作為一個過度批判性的角色，也有過度保護的行為。儘管母親因關懷而想參與所有決定並非壞事，卻難以建立孩子的獨立與自主性。也因為母親無論什麼事都要替孩子決定，反而會帶給孩子一種具破壞性的暗示：「自己沒有做出判斷的能力。」這種暗示會深深滲入孩子的潛意識中。

不知從何時開始，A容易畏縮不前，自我肯定感很低，做任何事情都毫無自信。進入社會之後，在工作上總是小心翼翼地迎合前輩或上司的喜好，時常認為同事的工作表現都比自己優秀。

每當A去拜訪客戶，都會苦惱著「沒什麼自信啊！」而去找上司商量。但是上司總以「對你來說這是個很好的學習機會」，無視他的擔憂。

起初，客戶看到A提心吊膽、戰戰兢兢的態度時，還會鼓勵他「不用太緊張喔！」慢慢地，對於A接二連三的失誤也不免小聲抱怨起來。

「唉，又失敗了，還造成別人的困擾，我的能力好差。」自我肯定感低下的A忍不住悲從中來（＝金）。接著又想到上司將會責備自己的失敗，因此內心充滿不安與恐懼（＝水）。就這樣，來自悲傷的恐懼就產生了。

悲傷會喚來恐懼不安，反復刺激脆弱的自我肯定感。最終使怒氣再也壓抑不住而爆發出來（＝木）。由此可知，恐懼會孕育憤怒。

累積爆發的怒氣來自悲傷↓恐懼↓憤怒這樣的負面情感連鎖。因為憤怒是悲傷與恐懼的二次情感。在這種情況下，只將注意力放在二次情感的憤怒上，僅僅在內心客觀審視「憤怒的自己」，並無法徹底解決問題。

此時要客觀審視的，應該是從低度自我肯定感衍生的「悲傷」與「恐懼」。可是在現實情況中，情緒已經發展成憤怒階段，無法藉由正念去覺察當下悲傷與恐懼的情感。那麼，我們該怎麼做？

小結語

了解來自低度自我肯定感的憤怒原因。

以原始情感
進行正念練習

本案例是在探究為什麼憤怒無法立刻放下。

無論何時，A總是因為同樣的原因感到苦惱。就像他每次受到上司或同事關注時，都會不由得惶惶不安。同時，他也會為此感到困惑：「為什麼我一被別人注意就會變得很焦慮？」

某天，上司不經意問A：「○○弄好了沒？」A的心裡頓時湧上一股怒氣，不禁脫口而出：「唉……我覺得好難過。」像這樣不自覺說出內心的想法時，就是覺察的瞬間。

「原來如此，我感到悲傷。是因為自己在職場上毫無用處且遭到否定，才感到悲傷嗎？」

回想起來，A從童年開始，每當母親質問：「功課做完了沒？」都感到焦慮不安，並匆匆答應：「正要開始做！」可是內心一直在想的，都是母親眼中「丟下功課不寫的自己」，並因不受母親信賴而悲傷不已。

這麼想的同時，A覺察到了自己的悲傷，也似乎明白了什麼。像這樣口中唸著「我覺得好難過」，將注意力放在一次情感的悲傷上，就是一次成功的正念。掌握偶然覺察的機會正是第二章裡不可或缺的練習。如此一來，就可以在內心觀照「在意母親而小心翼翼的自己」或「不受信賴的悲傷」等念頭，並進一步客觀審視。

雖然這麼做並不能立刻解決所有情緒問題。A在之後還是經常感到悲傷、恐懼和憤怒，這些情感仍然在內心不斷來去。可是，A再也不像最初那樣總是陷於負面情緒、只能束手無策、無所適從了。

各位也做得到！每當感受到悲傷↓恐懼↓憤怒，就客觀審視並放下它，讓自己返回平常心。如此一來，原本脆弱的自我肯定感也將隨之提升。慢慢地，你也能和上司及同事展開輕鬆愉快的談話。

小結語

覺察「為什麼會憤怒？」

真正的意涵是：放下憤怒。

將憤怒
轉化為愛與寬容

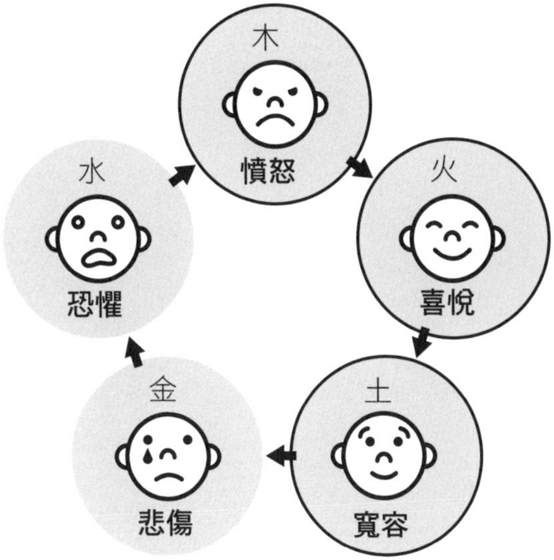

以木→火→土的順序前進

悲傷的情緒會轉化為憤怒，當然，憤怒的情緒也會轉換。

請再看一次上方的五行圖。接在憤怒之後的情感是什麼呢？答案是「喜悅」。也就是說，悲傷、恐懼、憤怒這些負面情感的流動將會催化出喜悅的情感。

我們會燃起怒火是為了讓自己不受傷害，如果能因此守護重要或不想失去的事物，原本的憤怒自然會轉為失而復得的狂喜。但從本質上來看，唯有透過正念澈底解決悲傷、恐懼、憤怒的原因，才能真正感受到喜悅。

把自己和對方進行換位思考也是個獲得喜悅的好方法。想像一下：「換作我是這名上司，會指責下屬嗎？」

自己所厭惡的行為，自己絕對不會做對吧。因為那也是會被他人批評、責難的行為。

當A覺察到自己的憤怒，可以讓自己站在對方的立場思考：

「換作是我，沒辦法這樣去指責別人，因為我覺得這樣的人和行為很討厭。」

這麼一想，A不禁覺得無法如此指責別人的自己實在是太好了，並因此鬆了口氣。這也是某種程度的喜悅。

感到安心的瞬間，也是覺察自身一次情感的入口。舉例來說，「被上司責備後察覺到自己的憤怒」中憤怒的源頭，正是在脆弱的自我肯定感之下，對於被批評的恐懼。然而，二次情感的憤怒因覺察而失去能量時，隱身在憤怒背後的恐懼也會如同陽光照耀後的融雪般逐漸化去，並為脆弱的自我肯定感找回力量。

小結語

憤怒是
喜悅的種子。

憤怒是
幸福的起點

我們至今一直和悲傷、恐懼、憤怒為伍。當我們被周遭的人批評而感到恐懼，或是和嚴厲的主管及合作夥伴互動而焦慮不安，如果能同時客觀審視自己，就能放下那些負面情感，並感到極大的喜悅。

當我們覺察到自己真正的想法，並坦率地向對方表達自己真實的心情，對方也會開始意識到自己先前的行為。

「你應該很難受吧，抱歉！我到後來也忍不住焦躁起來，還發洩在你身上。我之後會留意。」

正念不只對自己產生效果，也同時能影響對方。這也是正念真正的價值。也就是說，對立的雙方只要其中一方開啟正念，擺脫負面思考，就能消除原本的負面情感，同時搭起正向溝通的橋梁。唯有在雙方放下憤怒、化解誤會與偏見之後，才有可能真正理解彼此。

關於正向溝通，會在下一章向各位詳細解說。

小結語

正念能帶給你身邊的人好的影響。

陰陽五行論概說

在這裡為各位簡單解說陰陽五行論。

身為一名西醫，多年來，我深深感到西方醫學在診治一些疾病上的無力，因此我盡可能去學習更多醫療方式。其中一個是透過冥想來強化潛意識自我肯定感的正念，另一個是藉由人眼看不到的能量，即「氣場」來治療疾病的東方醫學（中醫和陰陽五行論）。我在理解並學習正念和東方醫學之後，大為改變了以往對於醫療的看法。

東方醫學當中，有四個特別重要的概念：

「氣・血・水」
「未病」
「陰陽」
「五行＝木・火・土・金・水」

首先為各位介紹這四種概念。

接著，我會簡單講解活用五行時必須了解的重要概念——「相生法則」。

氣・血・水

在中醫的觀念中，氣・血・水這三種物質是否順暢流動，決定了一個人的健康狀況。其中，我們應該較能理解血和水。血在血管裡流動，一旦阻塞就會引起心肌梗塞或腦中風，而水在人體內的淋巴管流動，若阻塞會導致身體浮腫，有時也會引起心臟衰竭。

我們看得見血和水，因此可對這兩者進行科學研究，在西方醫學中也是相當重要的研究對象。相比之下，人類肉眼看不見的氣並不受到西方醫學重視。可是氣確實存在，就像血在血管中流動、水在淋巴管中流動，氣則在經絡中流動。

經絡運行時，若遇到經氣阻滯、穴位堵塞，氣就無法順暢通行，嚴重時還會出現氣血瘀堵。這些堵塞的經絡點就是中醫所指的穴位，可以藉由針灸來活絡氣的運行，同時搭配補氣等治療方法。有些中藥也能促進氣血流通。

「未病」

身體不舒服時，人們會去醫院進行各種檢查，確診疾病後才進行治療。在氣・

血・水當中，西方醫學能判斷的只有血和水，無法診斷氣的運行。畢竟不只是肉眼，即使在顯微鏡下也看不見氣。

此外，即使照心電圖或X光、CT（電腦斷層掃描）或MRI（磁振造影），也不會發現任何異狀。也就是說，西醫診斷不出人們身體因經氣阻塞而出現的各種不適。

另一方面，中醫有所謂「未病」的概念，指的是還沒生病、但也並非健康的狀態。這種狀態來自氣的阻塞，在西醫難以診斷出來，但是中醫正好專攻經氣不順的診治。

在未病的狀態下，如果去看西醫做檢查，不僅無法診斷出任何異常，還可能被說是「心理作用」打發回家。換作是中醫，他們會說：「果然是氣造成的。」並著手進行治療。

陰陽

這個世界分成陰和陽兩種相對的狀態，就好像善與惡、表與裡、白與黑、正與負、月亮與太陽、女人與男人、夥伴與敵人等。

在中醫的觀念裡，陰陽調和有利保持身體健康。如果體內偏陰就要補陽、偏陽就要補陰，以維持身體的陰陽平衡。中藥裡也有針對調節人體氣血陰陽的藥方。

五行＝木・火・土・金・水

自然萬物可以分成木、火、土、金、水這五種性質。本書將著重在情感層面來進行解說。正如前面所說，情感也可分作五類。

木、火、土、金、水也是情感能量的流動順序。木↓火↓土↓金↓水（↓木），最後再回到木，川流不息。

和氣・血・水一樣，五行暢通很重要。能量的流動一旦發生停滯、淤堵的情況，就會對身體造成不好的影響。

綜合以上所述，可以知道中醫眼中的健康狀態為：

1 氣・血・水流動順暢
2 調節體內陰陽平衡
3 五行循環暢通

五行

接下來要向各位簡單介紹五行。

木＝憤怒

木是樹木，象徵的季節是春天，顏色是青色（藍綠色）。有人可能會問：「樹木不是綠色的嗎？」不過中國古代並沒有太明確區分青和綠的差異。除了作為成長的象徵，也有生澀、不成熟的含意，例如「青春」「青澀」等詞語。情感是憤怒。

火＝喜悅

火是火焰。熊熊燃燒的紅色火焰所象徵的季節自然是夏天，顏色是紅色。就像木＝青＝春的關係，火＝紅＝夏。盛夏是人生的全盛年華，也代表壯年時期。情感是喜悅。

土＝寬容

土擁有孕育大地萬物的力量。象徵的季節是「土用」。不同於木（春）、火（夏）、金（秋）、水（冬），土用指的是四季轉換期間，即立春、立夏、立秋、立冬前十八天，因此一整年約有七十二天、共四個「土用期」。顏色是黃色，被認為是來自中國黃河流域的黃土顏色。情感是寬容，具體來說是一種體諒或同情，有時也意指沉思。

金＝悲傷

金指的是金屬中的金，予人金屬般堅硬明確的印象，但是經敲打或加熱後會變形。顏色是白色，季節是秋天，因此也被稱作白秋。情感是悲傷。

水＝恐懼

水是生命之源，時而流動、時而滿溢，隨著形狀變化。顏色是黑色，季節是冬天，也被稱作玄冬。情感是恐懼。

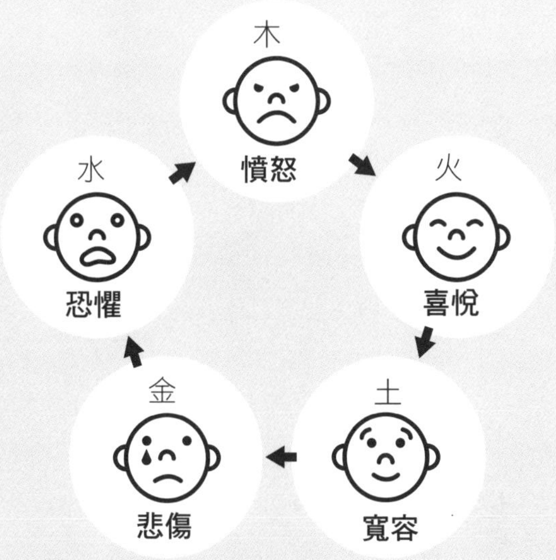

五行圖

以上就是五行和情感的關係。

每個人都無法逃離自身的情感。我們會因失去珍視的重要之物而感到悲傷，害怕失去而感到恐懼，遭到掠奪而感到憤怒……不同的情感會在內心流動。無論是哪一種情感都沒關係，只要讓它們像能量一樣在內心暢通無阻就好。

讓內心去感受情感的真實面貌，也就是以正念來客觀審視自身情感，才能適時安置並轉換情感。

・在收銀機前，看著眼前客人緩慢數著零錢而感到焦慮。

・開車時，被其他車輛胡亂超車而感到生氣。

在前述狀況中，我們可以分別將這些情感命名為「憤怒・焦慮」，並在內心客觀審視以消除它們。因此，面對各種日常生活中的情感時，正念很重要。

不過，是什麼原因導致情感能量流動不順呢？其中一個重要原因是：情感能量持續朝某一方傾斜。這將產生許多問題。面臨這種情況時，我們可以透過正念來排解鬱積的情感能量，讓五行恢復正常流動。這也是讓體內的氣順暢無阻的關鍵。

能量的流動有許多法則，其中相生法則尤為重要。

相生法則

五行相生法則指的是，五行會按照木↓火↓土↓金↓水（↓木↓……）的順序流動循環，即五行間彼此相互滋生與促進。

木燃燒後出現火↓火熄滅後的灰燼成為土↓土裡生成金（金屬）↓金久置冷卻後表面凝結成水↓水孕育木生長。

五行相生法則亦適用於情感層面。

憤怒（木）↓喜悅・興奮（火）↓寬容・同情（土）↓悲傷（金）↓恐懼（水）↓憤怒（木）……情感依照這樣的順序來流動。憤怒的前面是悲傷和恐懼，也就是說憤怒的源頭是一次情感的悲傷和恐懼。同樣地，憤怒也有可能轉變成之後的喜悅、寬容或愛。

如果各位能藉由五行理解情感的流動，就會知道憤怒是來自我們內心的悲傷或恐懼。並且，只要我們客觀審視這些悲傷與恐懼，就能放下原本難以遏制的憤怒，將情感能量導向深深的喜悅，也能有效改善自己和使自己發怒的對方的關係，從而湧現寬容與愛的能量。這也是為什麼我要談五行論的原因。

可是，即使處在喜悅與愛之中，如果缺乏正念持續引導，我們便很容易受到各種情緒左右，再度走向悲傷↓恐懼↓憤怒的情感循環裡。

第四章

遠離憤怒，傳達心意

正念傳達的是
不傷人的本意，
因此能提升和他人的關係

無法傳達
真實的憤怒

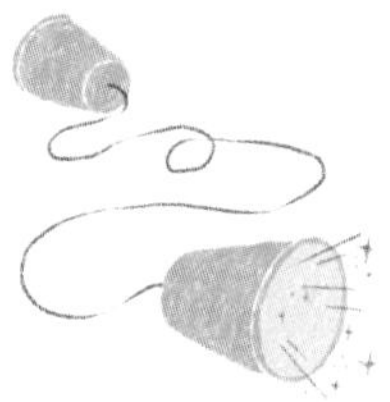

目前為止，我對於如何和憤怒等情感共處，一直採取這樣的想法：憤怒是再自然不過的情感，不需要壓抑或非得排除它。

失去了重要的東西，或是為了保護即將被奪走的事物，甚至攸關自己的生命時，憤怒都是必要的。狗急跳牆、困獸猶鬥，有時憤怒或伴隨怒氣而生的腎上腺素正是得以保護我們安危的關鍵。

比起會讓自己感到弱小的悲傷與恐懼等情感，憤怒有時會補足自我肯定感，甚至讓自己感覺變得更強大。

可是，在一時衝動下向對方發脾氣，反而會破壞人與人之間的關係。相信很多人在這麼做之後，就感到懊悔不已吧。

我們之所以忍住不發脾氣，通常是為了維繫自己與對方的關係，或是避免被攻擊及發生其他不好的結果，所以我們很容易對比自己強的人壓抑憤怒，對比自己弱的人施加憤怒。這也是為什麼被霸凌的孩子會再去霸凌比自己弱小的孩子，因為無法對比自己強的人發脾氣，就只能遷怒於比自己弱的事物。也有遭霸凌的孩子發現身邊沒有比自己弱小的人，於是就殘忍對待無法反擊的動物或昆蟲。

因此，我們需要一個既不會破壞人際關係，也能避免自己壓抑不住情緒、惱羞成怒的憤怒表達方法。本章會向各位介紹，如何在感到憤怒時，將憤怒正確傳達給對方，進而改善人際關係。

小結語

正確傳達憤怒，
有助改善人際關係。

憤怒是路的分歧點

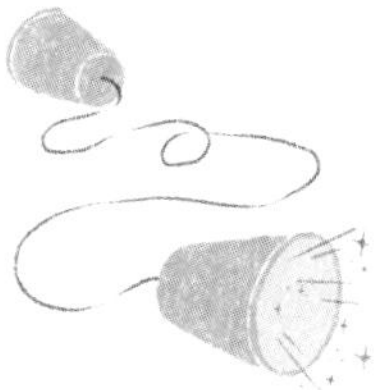

相遇的兩人會對立敵視還是攜手走向愛與友情，取決於人生的喜悅與幸運。**難得的是，我們能藉由湧現的敵意或憤怒，來更深化彼此的愛與友情。**

我們偶爾都會「生氣」，但各位知道嗎？這可能是深化彼此之間的愛與友情、讓關係更親密的途徑。

我們小時候多少都會和好朋友吵架。例如A和朋友K約好一起玩卻被放鴿子，之後他發現原來朋友K去找別的朋友了，於是他很生氣，跑去找朋友K理論。

到這裡請各位不妨先思考，此時A的憤怒屬於二次情感對吧，那麼他面臨的一次情感是什麼呢？試著想像A的心情，不僅有無法和朋友出遊的難過悲傷，也有被好友背棄的不安。然而，A所感受到的悲傷卻以憤怒的形式一口氣爆發，甚至和朋友K發生衝突。

A：「你怎麼沒有準時赴約？」

朋友K：「那個……其實是因為……」

A：「叛徒！」

一開始，朋友也想過要向A道歉。可是看到A先拋出怒氣，朋友K的火也就上來了，於是雙方都失去理性。

因此，如果這時能透過正念覺察到一次情感的悲傷與不安，了解內心憤怒的源頭，就能避免把憤怒丟給對方。

小結語

憤怒會產生下一個憤怒，但另一方面，憤怒也會產生愛與慈悲。

「我」傳達了「什麼」？

想向對方傳達自己的心意或感情，最便利的就是I私訊。在這裡向各位簡單介紹I私訊，以及和I私訊相呼應的YOU私訊。

I私訊是以「我」作為主語的訊息，YOU私訊則是以「你」作為主語的訊息。

在I私訊中，包括「因為你不在身邊，我感到很痛苦」「我不知道會發生什麼事，因此感到很不安」，是以自己為主體，向對方傳達自己的想法和情感。這個方法的特色在於能有效緩和自己的怒氣和對方的反擊，並獲得對方的理解與同情。

與此相反，在YOU私訊中，「（你）最好把房間整理乾淨」「（你）為什麼不多告訴我一點呢」「（你的）時間管理不太好」，大多是使用告誡對方該怎麼做的語氣，因此容易讓對方出現反感或反彈。

再回到A與朋友K的爭執場景。

「叛徒！」這句話中，主語是「你」，也就是YOU，因此A其實是在指責朋友：「你這叛徒！」

原本打算道歉的朋友K聽到A的謾罵批評，也忍不住回嘴反擊，最終雙方起了衝突。

內心更想傳達的重要話語

要注意的是，ＹＯＵ私訊和Ｉ私訊的差別不單只是主語的形式。就算把「你這叛徒！」換成「我很生氣！」也沒有改變自己在發洩怒氣的事實。

在這裡，讓我們把注意力放在覺察一次情感上。覺察到自己的憤怒後，以Ｉ私訊傳達給對方，這才是精髓。此時重要的不只是把自己放在主語位置，還要確實傳達自己所感受到的悲傷或恐懼等一次情感。

「約定的時間沒看到你，我感到很寂寞。」

「我以為自己被討厭了，感到很不安。」

像這樣明確傳達出一次情感之後，彼此間的對話就會變成：

A：「約定的時間只有我一個人出現，覺得很孤單。」

朋友K：「……啊！」

A：「讓我忍不住想著是不是自己被討厭了，有點不安。」

朋友K：「真抱歉。但真的不是你想的那樣！我在路上被朋友O叫住，他問了我一些作業的問題。我們現在出發吧！」

A：「原來如此。走吧！」

如此一來，雙方就能進行一場不會誤解彼此、也不爭執發怒的對話。

我們在生氣時，大多數情形下會先批判或指責對方。為了避免發生這種情況，我們要傾聽自己內心的聲音，而非任怒氣擺布。「為什麼會感到憤怒呢？」此時就需要透過正念，在內心客觀審視憤怒最根本的原因，將自己所感受到的想法和情緒，以自己為主語的方式明確傳達給對方，這是最重要的關鍵。

正因如此，正念才能產生這麼大的效果。

小結語

運用I私訊來傳達自己最真實的悲傷。

第五章

傾聽
對方的憤怒

運用正念讓自己在
面對怒氣當頭的人時
不受影響

不想破壞重要關係時

憤怒是相當激烈的情感，如果你身旁剛好有正在發怒或煩躁不休的人，應該是個可怕的經驗。這時，若同樣以憤怒回應，免不了又是一場紛爭。

當然，必須要戰的時候不能退卻。事實上，無論反擊或閃躲都是一種策略。有時為了保護自身利益，必須起身對抗，而在面對歹徒或近親暴力時，無計可施之下，就只能逃跑了。然而在重要的人際關係中，大多數情況下必須好好維繫和對方的關係。那麼，為了不讓憤怒破壞重要的人際關係，我們可以怎麼做？

憤怒的另一面是悲傷或恐懼等一次情感。不只是自己的憤怒中有這些原始情感，對方的憤怒中也有。

但是如果我們和對方說：「你會發怒是因為你的自我肯定感很低，而這又和你藏在心裡的悲傷與恐懼有關……」這樣只是火上加油，對方聽了應該會更不高興吧！因此，這些道理只能讓對方自己領悟。

對於正在氣頭上的人來說，要覺察到自己的悲傷或恐懼等一次情感很困難。甚至連我們自己也會被捲入對方的憤怒中。所以此時最有效的方法就是「傾聽」。

所謂傾聽，就是「抱著關心、想了解對方的心情，無需做出任何批評或建議，只要確實將對方的話聽進去」。透過傾聽，說話者和傾聽者之間會架起一座溝通的橋梁，同時有助說話者解決自己的煩惱。這也是諮商心理師對諮詢者使用的基本溝通技巧。

本章除了會分享一般的傾聽技巧，也會運用正念和陰陽五行的智慧，帶領各位實踐傾聽的技巧。

小結語

讓在氣頭上的對方也能體驗正念。

正念的傾聽與給予

接下來要說的事雖然很基本，卻常被人們忽略。我們在傾聽時，要放下手邊正在進行的事，因為這不只是「聽」，也是為了了解對方的一場談話。

傾聽者必須保持在覺察狀態，並客觀審視自己和對方之間的關係與互動，才能發揮傾聽的效果。例如在適當的時機透過點頭等肢體動作回應或附和對方，讓說話者感受到「被關心與注意」「終於有人理解我的話了」「傾聽者對這些話很感興趣」，因而安心說出心裡的話。這對傾聽者來說很有幫助，而傾聽者經由傾聽，也能更加強化正念的體驗。

傾聽者像鸚鵡般重複說話者的話，也是一種有效的傾聽技巧。

這並不僅僅是逐字重複對方的話而已，而是在表達自己可以接受與體諒對方的心情，並與之產生共鳴。如此一來，說話者也會更敞開心房地對自己傾訴。

此外，當說話者在傾訴時發了脾氣，很可能是因為他覺察到了自己的一次情感。此時可以試著委婉探詢對方的真實情感。

朋友K的傾聽

讓我們再以A與朋友K的故事為例，向各位說明傾聽的重要性。

A當時被朋友K放鴿子後感到很不滿，事後又發現他竟然去找另一位友人，更是火大，就像被捲入情緒的漩渦之中。此時如果A能覺察到一次情感（悲傷或不安），就能在當下的情緒中稍微喘口氣，朋友K也會因此感到愧歉。請看以下對話：

「你和朋友O在一起對吧？我看到了！」↓「我和朋友O在一起讓你很生氣嗎？」↓「你不是和我約好一起去玩嗎？卻失約去找其他人，實在太過分了！」↓「原來如此，我真是太糟糕了。」↓「是啊，害我很難過呢！還以為被討厭了……」↓「讓你感到難過又不安，我很抱歉，不知道會讓你這麼不舒服，下一次絕對會遵守約定！」

試著覺察A在對話中流露的悲傷與不安等一次情感，就是傾聽的力量。過程中可以藉由點頭回應以及重複對方說的話，來激發對方表達出更多的想法。最後，那些藏在內心深處，即潛意識中真正的情緒（一次情感）也將獲得釋放。

說話者在吐露真心話（一次情感）時，將初次覺察到自己真實的心情，並有意識地觸碰原本隱身在憤怒中的悲傷、恐懼和不安。這能讓人放下憤怒，進而療癒內心的悲傷、恐懼和不安。此即為正念的影響力。

小結語

透過傾聽，
喚醒真正的情感。

讓說話者的自我肯定感也強大起來

傾聽能讓人放下憤怒，並讓人覺察悲傷和恐懼等一次情感。此外，傾聽還有一個重要的效果，就是能強化說話者的自我肯定感。

小時候是否曾因為大人沒能好好傾聽自己說話而覺得難過？或是在自己說話說到一半時就被人刻意打斷、批評，甚至說自己做不到，因此感到十分不愉快？

遇到困擾要找別人討論時，卻得到這樣的回應：「如果那麼困擾，直接跟對方說討厭不就好了？」這使你忍不住心想：「如果能說討厭，一開始就不會找你討論了……」心情反而變得更差，只能默默聽對方說教。

當我們無法好好傾訴內心的想法，就會開始湧現不被理解的念頭。與此同時，「原來自己的想法連被傾聽的價值也沒有啊」的念頭也會進入我們的潛意識中。這不僅是一種缺乏價值的念頭，也會減低自我肯定感。

相反地，如果內心的想法能好好被傾聽，我們就會接收到這樣的訊息：「我的話有被傾聽的價值，我也是有價值的」，進而強化自我肯定感。

因此無論是孩子，還是其他你所重視的人，若我們能從頭到尾好好傾聽對方說話，那就是最棒的互動。傾聽能讓彼此的關係變得更加緊密。

傾聽可以讓傾聽者提升正念的能力

傾聽不只是給予想被傾聽者的禮物，對於傾聽者自己來說也是很棒的禮物。那是因為在傾聽時，也隨之強化了正念的能力。

傾聽者有時也可以在傾聽之外給予說話者一些建議，但同時必須注意，自己是否已確實將說話者想說的話全都聽進去、滿足他想暢所欲言的需求。

我們在扮演傾聽角色時，很容易在對方說話說到一半就認為自己已經理解而試圖打斷談話，想給予對方建議，甚至評論對方。但如果可以在腦中冒出這些念頭的瞬間開啟覺察：「我好像想打斷談話了！」「我好像想給建議了！」，就能忍住自己想打斷對方談話的衝動，並繼續傾聽。

透過傾聽他人，進一步以正念覺察那些心中妨礙自己傾聽的念頭，也是一種訓練正念能力的方法。

小結語

傾聽，能增強彼此的正念。

不能給建議嗎？

各位讀到這裡，可能會覺得在談話或傾聽時，不要特別給對方建議比較好。但是當傾訴者是我們的親人或好朋友，我們仍會想提供建議幫助他。

例如孩子說自己不想去上學，傾聽後得知孩子不想上學的原因是在學校遭到霸凌，因而產生同理心：「原來如此，這就是孩子不想上學的原因。」

可是，如果孩子是因為懶惰或想玩而不想上學，別說產生同理心，反而會讓人想直接結束談話，對孩子大發一頓脾氣吧。

在這裡，讓我們再次確認傾聽的定義，即「關心並想理解對方，不帶批判或意見，專注地聽進對方的話」。

說話者侃侃而談到最後，你都能當個絕不插話的傾聽者，用心去感受對方說的話，並受到對方信賴。**在那之後，不妨試著給出一些建議：**

「原來是這樣，不過我是這麼想的……」

此時，要給怎樣的建議或想法操之於己。不過要記得用I私訊向對方傳達自己的愛與最真誠的心意，不要帶著憤怒或指責等情緒。

以上既不是戰鬥（fight），也不是逃跑（flight）。而是透過覺察後的I私訊開啟第三條道路——關於傾聽的做法。但在面臨近親暴力或騷擾時，務必將戰鬥（fight）和逃跑（flight）加入選項。

小結語

全然地接受，
是傾聽的最高境界。

第六章

正念的故事

根據各種事例，
讓「覺察」成為一種真實體驗

藉由故事來學習正念吧

我們在第一章介紹憤怒如何形成；第二章進行十秒正念練習；第三章從陰陽五行論來了解憤怒這種情感能量；第四、五章則分別講述如何向對手傳達憤怒及接受對手的憤怒。

正念是在一瞬間偶然引發的，這個瞬間無法刻意營造，是真實經驗中一種如奇蹟般的存在。因此本章要向各位介紹可能發生在我們每個人周遭的案例，並根據當事人的煩惱去感受正念的實踐軌跡。

・什麼時候會開啟正念？
・要在日常生活中運用正念，需要注意什麼？
・應該透過怎樣的思考，來找出自身憤怒的根本原因？
・和對方相處時，該如何開啟談話？

透過以上問題，可以讓「想實際試試看」「雖然讀了方法卻不知道怎麼做」的各位在日常生活中實踐正念時，先進行一場預備練習。

小結語

打算實踐正念的各位，請務必一讀。

PART 1 對總是遲到的朋友感到不耐煩時

H有個朋友總是在約定的時間遲到。一開始H並不放在心上，畢竟不是遲到一小時這麼誇張的情況，但每一次都會遲到五到十分左右。有時因為朋友遲到而趕不上火車，甚至錯過電影上映時間而打亂原本的計畫。這一天也是，眼看和店家預約的時間就要到了。

於是H看到對方現身後忍不住抱怨：「為什麼又遲到了？」卻得到對方敷衍地道歉：「啊～抱歉抱歉！」對於不把遲到當一回事的朋友，H不由得感到「煩躁」「不滿」，雙方也因此心存「芥蒂」。

這時候來點正念

此時正是H開啟正念的機會。開口抱怨前，可以先試著在內心觀照自己等得不耐煩的情緒，這股煩躁不滿會在自己意識到且客觀審視後，逐漸被淡化，原先已到嘴邊的埋怨也會消失。

感受到憤怒時，就運用正念來緩解並放下它，避免自己把憤怒發洩在對方身上。朋友遲到這件事也一樣，我們可以把專注力放在客觀審視自己內心的煩躁上。

儘管如此，H可能還無法完全放下對朋友的氣憤。每每想甩開這念頭，卻又忍不住想：「這傢伙為什麼總是給我遲到？」而再度陷入不滿的情緒中。

PART 2

嘗試用正念緩解憤怒

H讓正念成為一種習慣後，對於朋友遲到也不再那麼介意了。同時，他利用「張開嘴巴」和「腳趾屈伸運動」等十秒正念冥想，讓自己保持愉悅的心情。

可是，煩躁感很快又回來了。即使嘗試在內心專注地觀照「煩躁不安的自己」，卻不自覺想著：「這傢伙為什麼總是遲到？」而想對朋友發脾氣。

其實，H會憤憤不平不只是緣於朋友遲到的惡習，還包含了H自身的原因。

這時候來點正念

當我們處在正念狀態中，可以緩解當下油然而生的憤怒。一旦習慣正念之後，也能不受憤怒所囿，讓自己保持客觀的態度。只不過，那些無法擺脫的情緒背後究竟藏了什麼祕密？

覺察到那些持續存在的憤怒，便是正念所帶來的禮物。

可以先在內心想像「那時候煩躁的自己」，接著把注意力放在自身憤怒的根本原因，去探究「為什麼這種煩躁會持續下去」。

根據陰陽五行論，憤怒背後的成因包括悲傷及恐懼等因素。

PART 3

絕不容許遲到的H的真實感受

雖然Ｈ已經客觀審視並放下了內心的憤怒，可是為什麼他仍然持續覺察到無法壓抑的憤怒呢？

Ｈ的性格很敏感，而且很討厭無謂等待他人，因此總是格外留意在約定時間前五分鐘就到達約定地點。Ｈ除了討厭讓別人等，對於占用別人的時間也會感到過意不去。「明明只要稍微注意就能不遲到，看來你完全不在意是否會占用我的時間！」正因如此，Ｈ才會難以忍受總是遲到的朋友。

於是Ｈ開始自問自答：「為什麼我會這麼生氣？」「我的話絕對不會讓別人

等」，接著他又想到「如果我這麼做，可能會被罵」，此時H開啟了覺察。可是此時他所覺察到的真正情感，並非發洩在朋友身上的憤怒，而是其他情感。

這時候來點正念

當正念成為生活習慣之後，我們覺察、觀照自己內心的時間也會增加。H也是如此。

然而，儘管H已經客觀審視了內心的焦慮感，卻還是很介意對方遲到這件事。此時，可以從「為什麼這麼介意」這個問題出發，進而覺察到「如果自己讓別人等，也許會被指責」這當中的恐懼。

H會嚴格守時，不僅出自「讓別人等很過分」及尊重對方的心情，還有「害怕別人責罵自己不守時」的恐懼。

雖然H表面上看起來只有焦慮，其實內心的思緒很複雜。因此，如果只是在內心觀照這股外顯的焦慮，仍無法解決問題。那麼要如何才能化解因恐懼而生的焦慮感呢？

首先，要放下「遲到會被罵」的恐懼。透過正念，讓自己不再是因為怕被罵才不遲到，而是在意對方的心情才不遲到。

整體來說，雖然結果都是「不讓別人等」，起心動念卻完全不同。前者的行動是出於恐懼，後者則源自愛。

PART 4 釋放恐懼

客觀審視自己在等待時所感受的煩燥感之後，H終於找出憤怒的源頭，原來自己真正的感情是來自「不想因為讓別人等而被指責」的恐懼。接下來，H試著覺察「擔心趕不上約定時間的自己」「害怕遲到會被指責的自己」，並在內心專注審視這股恐懼。

「來不及怎麼辦，很擔心。」

「害怕被指責。」

一旦感受到擔心或恐懼的情緒，就像這樣讓內心保持專注、客觀審視這些情感，然後放下它。不過要知道，多年來以憤怒形式展現的恐懼並不會在幾次正念體驗後就消失。

有一天，H做了一個夢。

夢中的H乘坐一艘太空船，正在追趕其他太空船。如果追趕不上似乎就會陷入無可挽回的局面，可是卻怎樣都追不上，內心感到十分焦急。H最終仍失去了對手的蹤跡，不禁悲從中來。此時H醒了，並忽然回憶起一些關於童年的記憶。

這時候來點正念

H對朋友發怒的根本原因其實來自他心裡的恐懼。他每天透過正念練習，讓憤怒慢慢消失，而藏在憤怒背後的真正情緒也逐漸顯露出來。

對H來說，恐懼是伴隨自己成長、在潛意識根深蒂固的情感。因此透過每一次正念客觀審視它，非常重要。

持續進行正念的H內心漸漸產生了變化，並做了一場乘著太空船追趕其他太空船的夢。

從夢境清醒後，內心會試圖整頓與挖掘自己所擔心、介意的事。也就是說，夢境是內心尚待解決的情緒的一種投射。H的夢就是這麼來的。

如前面所說，即使H多次在內心客觀審視對於遲到的恐懼，還是無法完全消除。那是因為當中還存在其他的理由，而最終將會以夢的形式被挖掘出來。

根據陰陽五行論，我們知道情感的流動是從「恐懼」流向「憤怒」，如果往上追溯則是「悲傷」流向「恐懼」，再轉成憤怒。因此，H真正感受到的是比「恐懼」更早的情感。

PART 5 H內心深處的悲傷

夢見太空船的隔天早上，H的兒時回憶頓時在內心鮮明了起來。那是H和母親一起出遊的記憶。當時H還意猶未盡，想繼續待在外面玩，不想回家，因此讓母親發了脾氣。母親看孩子這麼不懂事，一氣之下就不管H，自己先走回家。被母親拋下的H邊哭邊追趕，可是仍追不上母親。

正因那場突如其來且具暗示性的夢境，H想起了這段回憶，並在不經意間覺察到自己憤怒的根源——藏在恐懼深處的悲傷。

這時候來點正念

為了讓任性的孩子聽話，母親對孩子說要丟下他先走。這是我們很常見到的場景。但對H來說，這個記憶卻深刻且永遠銘記在他的潛意識中。

一旦遭遇過一次悲傷的經驗，就會對同樣的遭遇懷有恐懼。自此，「由悲傷而生的恐懼」就這樣烙印在H的潛意識中。長大之後，他開始害怕讓別人等會被責備，甚至被丟下。基於這樣的恐懼，H總是提前五分鐘來到和別人約定的地點。

H至今一直在「悲傷↓恐懼↓憤怒」的情感迴圈裡打轉。每經歷一次，就會強化這樣的情感迴圈，同時弱化自我肯定感，並持續苦惱於難以消除的憤怒。

PART 6 透過正念，看清情感的真實面貌

H此刻終於覺察到，原來過去等待遲到友人時擺脫不了的煩躁感，是來自內心的原始情感：「被丟下的悲傷及可能再被丟下的不安」。了解到這點後，H的心情頓時輕鬆許多。

後來，他在等待朋友的過程中又不自覺煩躁時，就會覺察到「啊～又是這個迴圈啊」，並且能客觀審視這股情緒。對於「我感到焦慮不安」「我正在生氣」這些外顯情感，當你客觀審視並專注覺察藏在其中的悲傷與恐懼，就會很驚奇地發現，一直苦惱不已的憤怒正在消失，不僅不再對朋友發脾氣，大罵對方的衝動也消失了。多年來的憤怒源頭正是一次情感的悲傷與憤怒。H為終於能將這道情感迴圈畫下句點而感到深切的喜悅。

這時候來點正念

H從每天培養的正念覺察練習中，好不容易找出了從根本解決憤怒的方法。

以往H「每次等朋友都很煩躁不安」，即使客觀審視內心的情緒，仍會感到焦慮、生氣。後來H在不經意間覺察到原始情感中被丟下的悲傷「會被拋下嗎？不禁感到悲傷」，以及被責罵的不安「如果遲到就會被罵吧？覺得恐懼」，並在內心觀照這兩種情感和情感迴圈模式。如此一來，就能避免一次情感發展成憤怒。

PART 7 如何向對方表達「我希望你不要遲到」

在正念的幫助下，H終於能放下憤怒，心情也好多了。此時他也有餘力把注意力從自己擴展到對方身上：為什麼朋友會經常遲到呢？朋友和自己一樣都是普通人，照理說也會因為擔心被批評或討厭而感到不安才對。或許彼此不見得有同樣的想法，但朋友會遲到應該也是出自某些原因。

朋友帶著不安、甘冒被批評的危險而遲到，應該有某些原因吧？H一邊想著如何傳達自己的心情，另一方面也想更了解朋友發生了什麼事。

這時候來點正念

H透過正念逐漸擺脫憤怒的情緒之後，便轉而思考對方的處境。此時的H不再因為憤怒想去責備對方，而是在確實客觀審視自身憤怒之後，想好好向對方說明自己當下所感受到的情感。

溝通的目的是為了相互理解，同時深化彼此間的愛情或友情。如果直接把二次情感的憤怒傳達給對方，只會讓對方感到沮喪，甚至反彈。這兩種結果自然不是溝通的本意。

專注傾聽自己內心的聲音，確實且客觀審視恐懼和悲傷這些一次情感之後，把自己的覺察傳達給對方。

「你每次遲到，都讓我覺得不受到重視，感到很難過。」（悲傷的情感）
「每次都在想你會不會不來了，覺得很不安。」（恐懼的情感）

傳達一次情感時，訊息的主詞是「我」，也就是前面談到I私訊。這樣可以淡化責備對方的意味，也更能讓對方感受自己的心情。朋友聽完H坦誠表露自己的一次情感後，深有體會地說：「真的很抱歉！我下次一定會努力不遲到。」

其實不只是H和他的朋友，人們形形色色、性格各異，即使如此，人們的內心和情感還是類似的。也就是說，無論是誰都同樣會感受到恐懼和悲傷。

但如果能像H一樣，不耽溺在憤怒的情緒中，並且能客觀、專注地凝視自己和對方，就能將憤怒轉化為喜悅與愛。

LAST PART

憤怒讓友情產生變化

對於真誠表達一次情感的Ｈ，朋友也開始說起自己遲到的原因。「我每次早起都很痛苦」「車站離家裡很遠，容易錯過電車」。而且更重要的是，「我絕對不是不重視Ｈ」。

此時，Ｈ不帶批判地專注聆聽朋友的話。最後，他理解了對方的心情與實際情況，原本存在於彼此間的芥蒂也消失了。不只如此，兩人的關係似乎變得更好，Ｈ的內心感到很滿足。

番外篇 朋友來到碰面地點前所發生的事

今天和H約好一起吃午餐，已經準備好隨時可以出門，但離約定的時間還很充裕。天氣晴朗，看起來是令人期待的一天。

既然天氣很好，不如把累積的髒衣服都洗了吧，可能還來得及烘乾衣服。

洗衣機運轉的同時，也順便打掃家裡。

……

專注打掃時沒發現衣服已經洗好了，還沒烘乾。

……

啊，糟糕！再不出門就會遲到。咦，錢包到哪去了？

……

無論如何都要搭到那班電車。電車怎麼還不來？難道又要誤點了？

……

H：「為什麼又遲到了？」

朋友：「啊～抱歉抱歉……」

準時抵達約定地點、耐心等我來的H，從來不會生氣，態度又很溫和，總是一直原諒遲到的我。

這時候來點正念

在我們看來，或許朋友遲到的理由聽起來都像藉口：經常誤判時間、一些出乎意料的突發狀況，以及心想H最後都會包容自己等。不過，這也就是朋友可能發生的狀況吧。

當H明確向朋友表達自己的心情，朋友表示了解、也能同理H的心情之後，相信朋友今後將會更謹慎看待約定，並準時赴約吧！

第 七 章

記錄「憤怒日記」

認識自己的憤怒模式，
增加正念的機會。

認識自己的憤怒模式

了解自己在怎樣的情況下容易感到憤怒非常重要。這可以讓焦慮不安的自己提前覺察到「啊！我現在情緒又來了」，避免自己陷入憤怒的情緒中。本章要向各位解說經常出現的憤怒模式，以及覺察自己憤怒模式的「憤怒日記」。

在此試著列舉幾種憤怒模式。大多數情況下，憤怒的成因彼此互有關聯，有時候則是一樣的。

例如在天氣不好或陰雨不斷的上班日，你的偏頭痛犯了，下屬又不按你的命令行事。因此，憤怒的原因包括氣候不佳（環境）、偏頭痛（身體狀況），以及和他人互動不如意（狀態）。

當然，關於憤怒，常常不只有這三種因素。憤怒的原因通常也會包含一次情感的「悲傷」和「恐懼」。

例如前面舉的例子中，因為叫不動下屬而感到憤怒，也許憤怒的原因是來自「被下屬當成笨蛋的悲傷」，以及「被視為無能上司的不安」。也就是說，憤怒是由三項外部原因，再加上兩種一次感情的情緒原因所構成。總結如下：

1 環境
2 身體狀況
3 狀態
4 一次情感的恐懼
5 一次情感的悲傷

接下來針對這五種原因依序為各位舉例說明。

1 環境

・被困在狹窄的空間無法脫身
・在擁擠的人群中動彈不得
・天氣炎熱潮溼
・要變天了

平常毫不費力就能忍受的事情，在這些情況下卻變得讓人難以忍受。尤其在變天或降雨前，有些人的身體會感到不適，以下把可能的不適狀況做出分類。

2 身體狀況

・疲倦
・睡眠不足
・肚子餓
・頭痛或想吐

禪宗有云：「身心一如」。這是說人的內心和身軀是一體的，不能分開來想。
身體狀況不好時，內心的狀態也會變差。

3 狀態

・工作忙碌
・截止日緊迫，時間快來不及了
・在意別人的眼光
・發現有人批評
・離情緒不佳的人很近

原本想悠閒度過一段時間，讓心情平靜下來，卻因為處在壓力狀態下開始感到焦慮。而且，煩躁及憤怒是會傳染的，因此要注意不要太常接近容易生氣的人。

4 一次情感的恐懼

・如果失敗了……不安
・會被指責吧……恐懼
・會被拋下吧……不安

當內心遠離「當下」，會愈發感受到憂慮未來的不安與恐懼。若眼前又出現了讓自己深陷不安與恐懼的人，這些情緒很容易轉為憤怒。

5 一次情感的悲傷

・事情做得非常失敗

・被指責
・被拋棄

一般來說，不安和恐懼是來自對未來的想像，悲傷則源於過去的記憶。當內心遠離「當下」，並陷於已經無法挽回的過去而感到悲傷和絕望，悲傷就會在內心創造敵人，讓這股情緒轉化成憤怒與恨。

然而，我們很難釐清究竟是不安與恐懼，還是悲傷的情緒。事實上，通常兩者皆有。例如童年時期讓父母傷心又失望，總擔心會被丟下，或是感覺自己快失敗時會很不安，心想也許撐不下去了而感到難過又絕望。

比起嚴格作分類，其實客觀審視當下的感受更重要。

開始寫下屬於你的「憤怒日記」吧

人的記憶往往靠不住。不管經歷幾次，大多還是有意識地不去看或不去感受。例如想不起來常常經過的路上究竟開了哪些商店。

我們時常感受到的憤怒或煩躁也都是有意識的，亦即這是我們刻意不去看、也未能充分了解自己不擅長何種情境的結果。因此，我想向各位推薦「憤怒日記」。

在「憤怒日記」中，我們可以把讓自己容易感到煩躁或憤怒的外部狀態，包括「環境」「身體狀況」「狀態」，以及覺察到的一次情感都記錄下來。

填寫範例 ①

填入項目	內容
日期 · 時間	6月〇日 上午9點半
目前的狀態	天氣悶熱，覺得焦急匆忙
發生什麼事	孩子不乖乖換衣服，因此很煩躁
一次感情	擔心被婆婆指責

例1

這天悶熱難耐、梅雨不斷，卻得出門，但孩子鬧彆扭，不願意換衣服。由於要帶孩子回婆家，之前還特地為孩子買了不錯的衣服，堅持等到正式出門時穿。如果自己遲到、孩子又穿著便宜的衣服，不知道婆婆會怎麼想，很令我擔心。「好了！趕快把衣服穿好！」由於心裡很焦慮，對孩子說話的聲音也變大了，結果孩子大哭了起來。

填寫範例 ②

填入項目	內容
日期・時間	7月〇日 下午5點半
目前的狀態	快趕不上約會的時間了
發生什麼事	突然被要求加班，對感冒請假的同事有點不滿
一次感情	擔心女朋友會生氣

例2

今天是和女朋友久違的約會。本已期待很久，正打算趕緊收拾下班，沒想到卻臨時被上司要求加班……。原來是要幫突然感冒請假的同事完成工作，否則會拖延到其他人的工作進度。真是氣炸了！啊啊，該怎麼辦，女朋友一定又會生我的氣了。

填寫範例 ③

填入項目	內容
日期・時間	6月〇日 下午5點半
目前的狀態	有點狀況快趕不上約會的時間了
發生什麼事	臨時被要求加班，對工作效率差的同事很生氣
一次感情	約會泡湯了很難過

例3

今天是和男朋友期待已久的約會。好不容易訂到一家人氣餐廳很開心，六點半要入座。沒想到上司卻忽然說：「幫忙同事完成做不完的工作吧。」……真不敢相信！同事工作時總是抓不到要領，對於明明就很緊急的事，還一副悠哉的態度，最後還要我來幫他扛責任。太令人困擾了！難得期待的約會就這樣泡湯了，心情真低落。

像這樣，只要寫下自己的感受就好。不管是隨身手札或筆記本都好，僅僅寫下這些就會有截然不同的效果。各位務必試試看。

培養慈悲心

此外，可以在日記上寫下慈悲的冥想，如果能誦讀出來也很好。所謂慈悲的冥想即是「為自己和別人的幸福祈禱」。

如前面不斷提到的，溝通的目的不是要傷害對方，而是要建構更好的關係。不妨試著在日記中用心觀照自己的怒氣，同時以慈悲的冥想為對方的幸福祈願。

以下是慈悲的冥想全文：

我希望我是幸福的
我希望我的煩惱痛苦消失
我希望我的願望能夠實現
我希望受到覺悟的光照耀
※我希望我是幸福的（重複三次）

我希望我身邊的人是幸福的
我希望我身邊的人煩惱痛苦消失
我希望我身邊的人能夠實現願望
我希望我身邊的人也能受到覺悟的光照耀
※我希望我身邊的人是幸福的（重複三次）

我希望萬物眾生是幸福的
我希望萬物眾生的煩惱痛苦消失
我希望萬物眾生的願望能夠實現
我希望萬物眾生都受到覺悟的光照耀
※我希望萬物眾生是幸福的（重複三次）

我希望我討厭的人是幸福的
我希望我討厭的人煩惱痛苦消失
我希望我討厭的人能夠實現願望
我希望我討厭的人都受到覺悟的光照耀

我希望討厭我的人是幸福的
我希望討厭我的人煩惱痛苦消失
我希望討厭我的人能夠實現願望

我希望討厭我的人都受到覺悟的光照耀

※我希望萬物眾生是幸福的（重複三次）

誦讀時，先祈願自己的幸福，接著祈願對方的幸福。最好能誦讀全文，或是「我希望我是幸福的。我希望別人也是幸福的。」這樣的簡略版也可以。

「憤怒日記的效果」

能夠專注覺察自己的憤怒是一件非常厲害的事。可是我們在忙碌的日常生活中，記憶會變得模糊，甚至消失。透過每天書寫憤怒日記，不僅能客觀審視並放下自己的憤怒煩躁與不安情緒，還能發現自己在何種情況下容易陷入焦慮，以便提前思考因應方法。

小結語

憤怒日記能夠發揮驚人的成效。

結語

由衷感謝讀完本書的你。

我在本書中舉了一些和憤怒有關的案例，其中大多數來自我的患者，也有很大一部分是我個人的親身經歷。

過去的我也曾飽受憤怒情緒的困擾，並深陷負面思考中。從那時起，我開始冥想，並逐漸比過往更能掌控自我內心情感。當時我忍不住想，有沒有更簡單且便於執行的方法能提供給和我一樣受情緒困擾的人們。因此有了書中所介紹的十秒正念冥想。

我曾經在一家無意間走進的蕎麥麵店裡發生過以下的事。

當時店裡客人很多，人聲喧譁，我點完餐後，正在等蕎麥麵送來，後方突然傳來很大的說話聲。我回過頭，發現是離我稍微有點距離的一位小學生的聲音，他和父母坐同一桌。孩子的父親端坐在他面前，看起來正在發脾氣。

「那是你自己說的吧！」

「才不是！」

「那就別再說想去〇〇！」

父親不分青紅皂白地破口大罵，母親在一旁束手無策，孩子低下頭壓抑著情緒，一時間三人靜默不語。雖然已是七年前的事了，至今我仍能鮮明地想起那一家人的身影。

在父親眼中，儘管孩子可能有他自己的理由，但對於聽不進勸告而任性鬧彆扭的孩子，父親仍感到非常生氣。然而父親對於自己發脾氣傷到了孩子的心，也感到窘迫與不自在。

正是在這樣的情況下，我強烈感受到「直接傳達我們的憤怒，對方是無法理解的」「憤怒無法讓任何人幸福」。與此同時，我想「大多數人也都想知道讓憤怒轉變成寬容與愛的方法」，於是這本書就這樣誕生了。

憤怒這種情感非常棘手。憤怒會傷害很多人，有時會讓人失去真正重要的事物。為了挽回因憤怒所失去的重要事物，例如人際關係、信賴感，以及內心的平靜與身體健康等，我們一定要正視憤怒。如果能適當應用正念，就能逐漸讓情緒轉變成正向情感。

本書開頭的宮澤賢治詩作〈不輸給雨〉，就是這個意思。

不輸給雨，不輸給風。擁有不輸給雪和夏天酷熱的強健身體。沒有欲望，絕不發怒，總是靜靜微笑著……

這是我衷心嚮往的境界，也衷心希望人們能和自己重要的人一起懷抱正念，幸福過著每一天。

藤井英雄

國家圖書館出版品預行編目資料

生氣得剛剛好：與憤怒共處的正念練習／藤井英雄作；周奕君譯. -- 初版. -- 新北市：世潮出版有限公司, 2021.05
面； 公分 (暢銷精選；82)
ISBN 978-986-259-074-4(平裝)

1.情緒管理

176.52 110002006

暢銷精選 82

生氣得剛剛好：與憤怒共處的正念練習

作　　者／藤井英雄
譯　　者／周奕君
主　　編／楊鈺儀
責任編輯／李雁文
封面設計／鄭婷之
出 版 者／世潮出版有限公司
地　　址／(231)新北市新店區民生路19號5樓
電　　話／(02)2218-3277
傳　　真／(02)2218-3239（訂書專線）
劃撥帳號／17528093
戶　　名／世潮出版有限公司
單次郵購總金額未滿500元（含），請加60元掛號費
世茂網站／www.coolbooks.com.tw
排版製版／辰皓國際出版製作有限公司
印　　刷／傳興彩色印刷有限公司
初版一刷／2021年05月

ＩＳＢＮ／978-986-259-074-4
定　　價／330元

IKARI NI TORAWARENAI MINDFULNESS
by Hideo Fujii